芸人式新聞の読み方

プチ鹿島

幻冬舎

JN187805

はじめに

■『朝日』と『東スポ』の見出しが同じになってしまったあの日

1995年3月20日の「地下鉄サリン事件」発生から20年経った2015年。各局で特番が続々と放送されたが、フジテレビ系『ザ・ノンフィクション』の「20年前地下鉄サリン事件はこうして起きた」(3月15日)は異色だった。オウム事件がアニメになっていたのである。

このシリーズは過去に何回か放送されており、取材・構成・演出はジャーナリストの青沼陽一郎氏。裁判で明らかになる教団の実態は「まるで漫画」だとして「麻原法廷漫画」にしたという。オウムを漫画で伝えるというのはたしかに発見だ。他番組の再現ドラマを見ていると、オウムを真面目に伝えているようでいて、むしろ劇的にかっこよく伝えてしまっていないか? という違和感があったからだ。

あの集団はもっとマヌケである。マヌケだからこそ怖かった。

当時25歳だった私の最大のショックは、「世の中が乱れると、朝日新聞と東京スポーツの見出しが同じになる」ということだった。オウムは自分の組織に「外務省」とか「大蔵省」などと省庁の名前を付けていた。まったく子どもじみていた。しかし、ひとたび重大なテロ事件を起こすと、**《オウム科学技術省がサリン製造か》**という見出しが朝刊紙に載ってしまった。

それまでは「国家ごっこかよ」と苦笑していれば終わりだったものが、事件を起こしたことでマヌケなネーミングも真剣に報じられ始めたのである。あのときのザワザワした気持ちは忘れられない。

私は新聞を読む順番として、まず朝刊紙で「前提となるベタ」を確認する。そして、スポーツ紙や夕方のタブロイド紙で徐々に「変化球」や「下世話な行間」を味わう。言ってみればスキャンダリズムの段階をアップさせていき、新聞それぞれの持つ「役割」や「価値」を楽しむわけだ。

しかし、オウムが事件を起こしたことで、一般朝刊紙にも、たとえば「オウム科学技術省」という文字が大々的に載ってしまった。『朝日』も『読売』も『東スポ』も同じ見出しになってしまったのである。

「ああ、世の中が大変なことになっている」と思った。すべての価値が乗っ取られた感じ。もしかして戦争時のメディアとはこんな感じだったのか……と想像し、ひとり絶句していた。すべてはマヌケが始まりだから衝撃だったのである。「自称」なのに、重大なこととして伝えざるを得なかった（ちなみに、あれから20年経ち、メディアは自称「イスラム国」をどう呼ぶかで自問自答したが、あれは多分にオウム事件を思い出させた）。

オウム事件以降、『朝日新聞』と『東スポ』が同じ見出しになることが増えた。それだけ世の中に「行間」や「遊び」がなくなっている証明だと思う。

■川口浩探検隊とプロレスで学んだリテラシー

私が子どもの頃は、『水曜スペシャル』の〝川口浩探検隊シリーズ〟をはじめ、半信半疑で見るテレビ番組が公然と放送されていた。子ども心に、「昨日テレビで捕まえていたはずの謎の類人猿バーゴンが、どうしてウチの新聞に載っていないんだろう」と疑問に思い、わざわざ図書館に全紙を調べに行ったことがある。そして、「どうやらあの番組はエンタメらしいぞ」と学んでいったのだ。

大好きなプロレスも、「何が本当か」を見極めるのが実に難しいジャンルだった。

会場の座る席によって見える試合の風景がまったく違うように、プロレスそのものも見る人の心の角度によってまったく味わいが違う。何を受けとめ何を感じたか。「真実」はわからない。確実なことは、自分が思う「真実らしきもの」があるのみ。いったいリングの中で何が行われていたのか、自分の見立てやその真贋を探るためには、スポーツ紙やプロレス雑誌でさまざまな視点を読み比べてみるしか手だてがなかった。だから、夢中でむさぼり読んだ。プロレスファンは、「リテラシー」なんて言葉を知らない頃から、おのずと高い「読むリテラシー」を身に付けていたのだ。

私は決して「昔はよかった」などという懐古趣味に浸るつもりはない。昔の人のほうがリテラシーの高い「意識高い系」だったわけではなく、やむを得ず「疑う」機会に日常から恵まれていただけだと思う。あやふやでグレーな情報が周りにあふれていたからこそ、それに騙されて怒ったりがっかりしたりしながら、物事には多面的な見方や視点があるということを学んだ。グレーなものを、グレーなまま楽しんで味わうというゆとりを少しずつ身に付けた。

最初はプロレス雑誌やテレビから学び、スポーツ新聞、そして『朝日』や『読売』のような一般朝刊紙も、実は同じではないかということに気付いていったのだ。
新聞は、おじさんが書いておじさんが受信する、いわば「オヤジジャーナル」だ。
インターネットの活用が当然となった今、新聞のことを「旧メディアの偏向報道」「腐ったマスゴミ」と馬鹿にする人たちもいる。だが、切り捨てるのはもったいないと思うのだ。旧メディアには旧メディアの役割や論理がある。今まで培われてきた伝統の作法がある。

たとえば一般紙であれば、載せるからには誰かに裏を取っている。そのうえで新聞の思惑が反映されていることもある。だったら、「正しいか正しくないか」ではなく、「誰が何を伝えようとしたのか」を読み解くために、あるもの（新聞）は利用したほうがおもしろいではないか。「また朝日と産経が全然違うこと言ってるぞ」と覗き見するくらいの下世話な気持ちで、マスコミを「信用する」のではなく「利用する」という気構えでいればいい。新聞にも観客論が必要だと思うのだ。

新聞は、キャラが違うからこそおもしろい。書いていることがバラバラだからこそ、読み比べる楽しさがある。本書では、その楽しみ方のコツを、わずかながらみなさんと共有したいと思う。次にまた『朝日』と『東スポ』の見出しが同じになる日がきたら、それは日本が何か深刻な状況になっているときだろう。新聞のそれぞれ違う価値観を味わえる日々が続くことを、下世話に願いたい。

芸人式 新聞の読み方　目次

第2章 朝刊紙はキャラごとのベタを楽しめ

第3章 朝刊スポーツ紙は「芸能界の言い分」を読める

第4章
夕刊紙・タブロイド紙は「匂わせた行間」を読め

第5章
新聞は下世話な目線で楽しもう

難しいニュースも〝下世話な目線〟に落とし込む

アンチを楽しむためにはまず大元のベタを知れ

第6章 ネットの「正論」と「美談」から新聞を守れ

第1章
新聞はミステリー小説だ

「オバマすし報道」に見る読み比べの醍醐味

■オバマはどこのすしを食べたのか?

新聞報道を読み比べると、さまざまな「行間」の答え合わせができる。まずはひとつ実例をあげて説明しよう。2014年に起きた「オバマすし報道」。これは、一見つながりのないニュースを意識的に読み合わせていった結果、点と点が線でつながっていくミステリー小説のような醍醐味を感じたおもしろい事件だった。

2014年4月23日に、アメリカのオバマ大統領(当時)が来日した。日本に到着した夜の安倍首相との「すきやばし次郎」でのすし会食は、大きな話題となった。オバマ大統領は、「ハワイ生まれですしは随分食べてきたが、人生で一番おいしいすしだ」と喜んだと報道された。

しかし一方で、「オバマはすしを半分残した」という報道もあったのだ。4月24日のAFP(フランスの通信社)は次のように伝えている。

〝TBSの報道によると、大統領は世間話をしたり、すしに舌鼓を打ったりする間もなく、すぐに日米交渉の話を始めたという。〟

〝「すきやばし次郎」と同じ雑居ビルの地下にある焼き鳥店の店主が「次郎」の店員から聞いた話としてTBSに語ったところによると、オバマ大統領はコースを半分ほど終えたところで箸を置いた。一方の安倍首相は完食したという。〟

「すきやばし次郎」の通常コースは20貫3万円もするおまかせコース。半分なら10貫程度ということか。この「半分しか食べてない説」に対し、今度は「14貫食べた説」が出てくる。

《すし会談、オバマ氏、14貫ペロリ 未明のTPP協議も決める》（2014年4月24日・産経ニュース）

〝オバマ米大統領が23日夜、安倍晋三首相と東京・銀座のすし店で行った非公式の会食で、好物のすしを14貫食べていたことが24日、分かった。政府関係者が明らかにした。〟

〝菅義偉官房長官は24日午前の記者会見で「かなり食べたと聞いている。表情からすこぶる満足だったのではないか」と述べた。〟

ここまでの報道でわかるのは、いずれにしてもオバマは「すきやばし次郎」のすしを楽しんだが、完食はしていないということだ。いろいろ話すこともあっただろうし、来日直後で疲れもあるのだろうと思いながら、私は特段気にせずにこれらの記事を読んでいた。

そんな中、「あれ?」と思う記事を見つけてしまった。すし会食翌日の『日刊ゲンダイ』に、「オバマ大統領は、よほどすしが好きなのか、きのうの夜、宿泊先のホテルオークラで『銀座 久兵衛』のすしも食べたらしい。」(4月24日)という一文があったのである。

え、ということは、オバマは「次郎」での会食だけでなく、ホテルでも「久兵衛」のすしを食べたということ? どれだけすしが好きなのか!?

たしかに「久兵衛」も高級すしである。しかし来日早々、そんなにすしを食べるだろうか。これではむしろ「すしまみれ」である。この情報は本当なのか。私はとりあえず「半信半疑」で心に留めておいた。

だが、その数日後、意外なところで後追い情報が出る。TBS系の日曜お昼の番組『アッコにおまかせ！』が、「久兵衛」に取材していたのだ。おそらく『日刊ゲンダイ』の記事を番組スタッフも読んでいたのだろう。

それによると、

「オバマ大統領が来日してホテルオークラに到着するや出前を頼まれ配達した。料金は1万6千円」

「ウチのすしを先に食べたから、そのあと『すきやばし次郎』のすしを半分残されたのではないか」

「ここだけの話ですが、ウチにも貸切の打診は数か月前にありました」

とコメントしていた。

番組は偶然に見たので一字一句正確ではないが、内容は間違いない。けっこうインパクトがあったからだ。だって「久兵衛」はこんなにあっさりと、もっと言えばペラペラと情報をしゃべっている。ここで感じたのは「すきやばし次郎」に対する「久兵衛」のライバル心である。なかなかえげつないな、と思いながら番組を見ていた。

しかし、それもそのはず、調べてみると興味深い事実がわかった。安倍首相は「久兵衛」がお気に入りなのだ。それも、客という立場だけではない。

首相は2013年6月にポーランドを訪問し、食に関するレセプション「エンジョイ和食」に出席している。そこで日本食をPRしたのだが、そのときに「銀座 久兵衛」の今田洋輔氏も参加しており、現地ですしをふるまったのだ。これは一般社団法人全日本・食学会のホームページからも確認できる。

オバマとのすし会食についても、さまざまな「ネタ」が報道された。首相サイドはホテルオークラ内にある「久兵衛」での会食を提案したが、オバマ側の希望は「すきやばし次郎」だったという話もあった。というのも、オバマがアメリカ人監督の映画『二郎は鮨の夢を見る』（※映画タイトルは「次郎」ではなく「二郎」）を見ていたく感動し、「次郎」を指定してきたというのだ。

■読み比べでたどり着いた意外な「すし利権」

話はさらにここから展開する。

オバマ来日の数日後、私は「時事ネタプラスワン！」というタイトルのトークライブを、新宿・ロフトプラスワンで開催した。共演者は『東京BREAKING NEWS』編集長の久田将義氏、フリーライターの畠山理仁氏、ジャーナリストの須田慎一郎氏の3人。

ライブの趣旨は、野次馬の私が、マスコミで報道されている時事ネタの裏側や真相を、業界側のプロフェッショナルな方たちに興味本位で「いったいどうなってるの？」と聞いていく、というものだ。

ここで私は、「オバマはなぜ来日直後にすしばかり食べたのか」という疑問を各氏にぶつけてみた。報道が本当ならば、どこか不自然ではないか。すると、これに須田慎一郎氏が反応した。

「鹿島クンの疑問はもっともだよ。でね、当たってるんだよ。オバマは実際に『次郎』も『久兵衛』も食べたんだろう」

須田氏は、意外な事実を教えてくれた。安倍首相は2013年5月に「全すし連」の名誉顧問に就任しているという。すし業界と親密な関係らしい。つまり、族議員でいうと「すし族」でもあるのだ。

さらに須田氏いわく、すし業界の悲願は「カジノ構想」の実現だというのである。これは何を意味するのか。なぜ「全すし連」がカジノを待望するのか。

「カジノができたら、来日する富裕層の外国人観光客は高級すしを要望するからね」

巨大娯楽場であるカジノができたら、外国人客が高級すし店に足を運んでくれるだけでなく、高級すし店がカジノ施設のＶＩＰ向けに出前することもあるだろう。もしくはカジノ内に出店する需要も生まれるかもしれない。すし業界、特に高級すし店にとって、日本にカジノができたら莫大なメリットが予想されるのだ。

すし業界にとって、オバマ来日という華々しい日にすし会食が行われるとなれば、どの店が選ばれるのか注目だろう。安倍首相はもともと「久兵衛」を推している。だからポーランドにも連れて行った。今回の会食も、当初はオバマに「久兵衛」を提案した。

そうなると、以前私が半信半疑で読んだ「オバマは『次郎』に行く前にホテルで『久兵衛』の出前を食べた」という妙な報道がつながってくる。

もしかしたら、ホテルに出前を頼んだのはオバマではなく、「久兵衛」に気を遣った安倍首相サイドだったのではないか？

今回の会食場所は「次郎」になるが、ホテルへの出前を差し入れることによって「久兵衛」のメンツも保たれる。別にオバマが食べなくてもいい。側近が食べればいいのである。これで形式的には「次郎」と「久兵衛」はイーブンになる。そう考えたほうが自然。オバマ側がわざわざ会食前に別のすしを出前で取るのはどう考えても妙ではないか。

この見立てを話したら、須田氏も「おもしろいね、その解釈はおそらく当たってるんじゃないの？」と言ってくれた。須田氏は、ライブで盛り上がった自身の見解をまとめ、『週刊現代』に寄稿した。後日その記事の話題が『朝日新聞デジタル』にも載った。


《銀座「名門すし戦争」次郎VS.久兵衛》（2014年6月25日・朝日新聞デジタル）


〝今年4月、東京・銀座のミシュラン3つ星店「すきやばし次郎」で行われた「日米すし屋会談」で、オバマ大統領が半分しか食べなかったことが話題になった。が、どうやらその前にやはり超高級すし店「銀座 久兵衛」の出前を取っていて、つまんでいたかららしい――。〈銀座「名門すし戦争」次郎VS.久兵衛 場外乱闘の勝者〉と大げさな見出しで『週刊現代』（6月28日号）が伝えている。

「次郎」はアメリカ側のご指名だったようだが、そこに「久兵衛」も登場してくるのには、いささか〝政治〟が絡んでいるらしい。ジャーナリストの須田慎一郎氏がこんな解説をしている。

「安倍総理は『久兵衛』も加盟する『全すし連（全国すし商生活衛生同業組合連合会）』

の名誉顧問を務めています」「今回の騒動は、オバマ大統領の要望で会食には『次郎』を選んだが、『久兵衛』の顔を立てるために日本側が出前を用意した、というのが真相ではないかと考えています」

すしを食べるのにも、アメリカの意向に配慮したり業界団体に気を使ったりと、政治とは面倒なものだが、「久兵衛」は吉田茂時代から政治家が多く出入りするすし店だ。安倍首相の『首相動静』にも銀座本店だけでなく、国会周辺のホテルの店がしばしば登場する。常連客なのだろう。〟

私の「読み比べ」から発展した見立てが、こうしてひとつの記事になったのである。

■点と点が線でつながる読み比べのおもしろさ

そして1か月後。同じトークライブで須田さんとまたお会いしたのだが、ここでの後日談が衝撃だった。須田氏が『週刊現代』に全すし連のことを書いたら、行きつけのすし店へなんと「出入り禁止」になってしまったというのだ。え、え、え!?

「全すし連」って、そんなにすごいネットワークなのか……。というか、この話の内容

(全すし連はカジノ招致が悲願)はよほど知られたくなかったのだろうか。これが、2014年7月のできごと。

しかし、4か月後の2014年11月。またまたミステリーが起きる。

当時、アメリカの中間選挙で上院・下院とも共和党が過半数を制し、オバマ大統領率いる民主党が敗北したというニュースが大々的に報じられていた。だが、私にとって重要なオバマ報道はそれではなかった。

11月4日、「すきやばし次郎」の小野二郎氏と息子の禎一氏が、日本外国特派員協会での講演で「オバマ大統領は、出されたものはすべて召し上がった」と話したのである。


〝「寿司を残した」とする報道については「官邸やホワイトハウスからコメントするなと言われていたので黙っていました。お出ししたものは全部召し上がって頂いて、喜んで頂いたので、ありがたく思っています」と話した。〟(2014年11月4日・The Huffington Post)

ここで引っかかるのは、「官邸やホワイトハウスからコメントするなと言われていたので黙っていました。」という小野氏の証言である。

こう言ってはなんだが、すしを食べたか食べなかったかぐらいで、なぜ官邸とホワイトハウスから口止めされなければいけないのだろう。なぜ「すきやばし次郎」のすしを完食したと言ってはいけなかったのだろう。そんなに重要な問題か？

ひとつ考えられるのは、「久兵衛」に対して余計な刺激を避けることである。つまり、安倍首相と官邸サイドにとって、それだけ「久兵衛」は特別なのではないか。

そして、この会見の2日前、平成26年（２０１４年）度の「秋の褒章」の受章者が発表され、「すきやばし次郎」の小野二郎氏が黄綬褒章を受章した。この日本外国特派員協会での講演も、受章記念の会見だったのだ。この流れ、いったい何なんだ……。

何気ない新聞の読み比べから、壮大なるミステリーに発展してしまった一連のオバマすし会食騒動。どう解釈するかはあなたの「読み方」次第だが、点を点で終わらせず、「あのときこんなこと言ってたな」と線でつながったとき、ただの「事実の羅列」だったはずのメディア報道は、俄然おもしろくなってくる。

もちろん私はジャーナリストではないから、みんなが読めるのと同じメディアしか情報ソースを持っていない。しかし、それでもこれだけの見立てができるのだ。少しは新聞報道やニュース記事の読み比べのおもしろさを味わっていただけただろうか。

第2章 朝刊紙はキャラごとのベタを楽しめ

各紙には「芸風」の偏りがあって当たり前

■新聞の「芸風」を許せない人が増えた

新聞各紙の「文脈」や「芸風」を知らない人が増えたように思う。いや、知らないというよりも、知っているけど「認められない」人が増えたと言うべきか。

私も以前、ツイッターで『産経新聞』の記事を紹介したら、「産経という時点でダメ」とリプライをいただいたことがある。

ちなみにその記事は、イギリスを訪問した中国の習近平国家主席を歓迎する公式晩餐会で出された高級ワインが「天安門事件と同じ1989年のワイン」だったというもの。「英国的な皮肉あふれる無言の抵抗なのか。同事件を連想した招待客らの間では、さまざまな憶測を呼んでいる」（2015年10月28日）という内容。この記事の読みどころは憶測の楽しさや是非ではなく「中国が嫌がらせをされている様子を嬉しそうに報じる産経新聞」なのである。他紙ではこのトピックはなかったからだ。

人の顔が違うように、新聞のキャラも違う。それを読み比べることが楽しみだと私は思っている。だから新聞を読むのである。

たとえば、『産経新聞』と『東京新聞』の記事を読み比べると、ときどき同じ日本のできごとを報じているとは思えないことがある。

2015年夏に、国会前で安保法案に反対するデモがあったとき、『東京新聞』は一面でデモの記事以外は載せなかった。一方、『産経新聞』『読売新聞』は一面では報じず、社会面で淡々と伝えたのみであった。

同じできごとでも新聞によって素晴らしく扱い方が分かれるのだ。これを偏向と言う前に、どちらも読んで、お互いに見えている世界がどれだけ違うのかを興味深く眺めたほうがおもしろい。

「●●なんて信用ならん！」という態度こそ（●●にはお好きな新聞の名前を入れてください）、偏向していてつまらないと言うべきだろう。

そもそも、新聞には「朝刊紙」「朝刊スポーツ紙」「夕刊紙・タブロイド紙」と大きく分けて3つの種類が存在する。いわゆる「格式」や「情報の信頼度」は違うが、一律に「スポーツ紙だから信頼できない」「タブロイド紙だからでたらめ」とは言えないからおもしろい。大切なのは、それぞれの「キャラ」や「芸風」といった前提を理解しておくことで、より読み比べが楽しくなるということ。

まずこの章では、朝刊紙から見ていこう。ここでは、代表的な朝刊紙として、『朝日新聞』『産経新聞』『毎日新聞』『読売新聞』『日本経済新聞』、そして地方紙を代表して『東京新聞』を取り上げ、それぞれの特徴を比較してみることから始めたい。

格式ばったおカタいイメージがあり、それゆえ情報の確度にも一定の担保がなされている朝刊紙だが、前提となる「ベタ」を伝えてくれる新聞だと思えばわかりやすい。それでも、各紙によってまったく違う芸風を持ったキャラだということがわかると、より親しみやすくなるだろう。

朝刊紙各紙の「キャラ」を独断で解説する

■『朝日新聞』は〝高級な背広を着たプライド高めのおじさん〟

『朝日新聞』は「新聞は社会の木鐸である」という言葉を今も信じて正義を追求する。論調は自他共に認めるリベラル。その一方で「大朝日」のプライドも見え隠れし、それが鼻持ちならないと他紙や週刊誌の格好のツッコミ対象となる。擬人化するなら、高級な背広を着てハイヤーに乗り込むおじさんをイメージしたい。

野球の外野で言うなら「左寄り」のポジションであり、なんだかんだ言っても常に注目を浴びるという点では「センター」でもある。

名物コラムは「天声人語」。大学入試の問題でよく採用されると自分でよく言っている。

夕刊の短行コラムの「素粒子」の〝言ってやった感〟も要チェック。

主催する全国高校野球選手権大会（夏の甲子園）の報道に力を入れている。

■『産経新聞』は〝いつも小言を言ってる和服のおじさん〟

『産経新聞』を擬人化するなら、「和服で小言を言っている頑固なおじさん」を想像してほしい。『朝日』の高級背広のおじさんと対照的でわかりやすいと思う。

2016年の「ユーキャン新語・流行語大賞」の候補が決まった翌日のコラム「産経抄」は、「『斎藤さんだぞ』『(僕の)アモーレ』など、世事にうとい身には恥ずかしながら、何のことだか分からないものもある。」と言いつつ、「中には『保育園落ちた 日本死ね』のように候補に不似合いなものも。」とやっぱり小言を忘れなかった。キングオブ保守おじさん。

■『毎日新聞』は〝書生肌のおじさん〟

『朝日新聞』のポジションが目立つリベラルであるなら、『毎日新聞』は、理想を淡々と追い、論理に重きを置いている書生肌のリベラルおじさんといったイメージ。『朝日』ほどの高級背広感はなく、庶民感覚に近い。飄々としているのは好印象で、保守論陣から攻撃対象にされることも少ないが、こうしたたとえでも『朝日』が比較でいちいち出てくるように、割を食っている感じもある。

主催する春の選抜高校野球大会の報道に力を入れている。春のセンバツも夏の甲子園の

『朝日』に対し、どこか地味である。

■『東京新聞』は〝問題意識が高い下町のおじさん〟

ここ数年であらためて注目されているのが『東京新聞』だろう。中日新聞社東京本社の発行で、３・11以降、反原発や反安倍政権のスタンスは注目を集めた。その先鋭っぷりは、

「赤旗よりも左」と『朝まで生テレビ！』（テレビ朝日系）でネタにされるほど。擬人化するなら問題意識の高い下町のおじさん。権力監視という点で今、もっともがんばっていると思う。

「東京のローカル新聞」というのも特徴で、『東京新聞』を読む東京人は、東京出身者が巨人ではなくヤクルトを応援するような趣がある。特集「こちら特報部」は要注目。

『朝日』の天声人語に相当する「筆洗」は、2016年の参院選翌日のコラムが印象深かった。自民党もひどいが野党もひどい状態をメニューの少ない大味のレストランにたとえ「おなかをすかせた客がカレーを食べている。喜んで食べている人もいる。疑いながら、泣きながらの客もいる。」と表現した。

■『日本経済新聞』は〝現実主義のビジネス一筋おじさん〟

『日本経済新聞』は、ビジネスマンの必須アイテムという立ち位置を獲得した。就活中の学生が「日経読んでる？」と言われるCMを見ると、『朝日』だ『読売』だを飛び越えて、実社会での本当の権威&保守は『日経』なのだろうと思う。後述するが、ドナルド・トランプが米大統領選に勝利した翌日、他紙は米軍の駐留費について見解が分かれたのを尻目に、『日経』は、「日本の安全保障が米軍に依存しているのは事実であり、ある程度の負担増はやむを得ない。」とアッサリ書いた。現実主義のビジネス一筋おじさんだと考えるとリアルであった。

政財界人であるなら、名物企画「私の履歴書」に出るのが最終目標か。森喜朗がこの欄でコネ入社をご機嫌で自慢してクレームがきたことでも有名。

■『読売新聞』はずばり〝ナベツネ〟

『読売新聞』のキャラをひと言で表すなら、「ナベツネ」そのものをイメージしてもらえばよいだろう。

政治記者としてバリバリやりすぎて、いつの間にかマスコミから「あっち側」にも軸足を置いたナベツネのやり手イズムが今も流れているのか、『読売』が現政権にかなり食い込んでいるのは一目瞭然。そんな自分に自信を持っているようだ。

2014年9月3日に《幻の「小渕(優子)幹事長」》という記事を書いた翌日、「結果的に読者に誤った印象を与えた。日々流動する政局に際しては、多角的な取材と慎重な判断により、今後とも正確で迅速な報道に努める。」とわざわざ「謝罪」したのが印象深い。この記事にこそ『読売』の自信が読み取れたからだ。「我々はここまで政権に食い込んで

いる」という自負と、「ホントに小渕幹事長で実現寸前までいったのだ。ただ、急に谷垣幹事長案になっただけ」という「説明」をしているように見えた。

政局の他は、主催する箱根駅伝と、巨人に関する報道には力を入れている。

『朝日』と『読売』のあてこすり合戦はわかりやすい。巨人の選手のスキャンダルがあると『朝日』が喜んで報じる。野球賭博で笠原の名前が出たとき、『朝日』含め他紙は夕刊一面で大々的に報じたが、『読売』の一面だけは「地球温暖化」だった。

同じできごとの「見出し」「扱いの大きさ」を比べよう

■安保デモを一面で報じた新聞、社会面で報じた新聞

同じできごとを報じていても、新聞の「キャラ」によって、その扱い方や論調は驚くほ

ど違っていることがある。

たとえば、2015年8月末に起きた、安保法案をめぐる国会前のデモでは、その報道姿勢に各紙ハッキリとした違いが出ておもしろかった。『朝日新聞』や『東京新聞』は一面で大々的に報じたが、『読売新聞』や『産経新聞』は社会面で報じたのみ。

具体的にふりかえってみよう。

『東京新聞』は国会前に集結する人々を一面で大きく報じた。『朝日新聞』や『毎日新聞』も一面で大きく報じたが、もっともページを割いて伝えたのが『東京新聞』であった。一面すべて使って「デモ」を伝え、他の話題はなし。見出しは**《8・30 安保法案反対、全国200ヵ所以上》《届かぬ民意 危機感結集》**。裏一面も**《平和でいたい》**という見出し。デモを扱っているのは計6ページ。まるで厚い号外というか臨時増刊号のようだった。

一方、『産経新聞』『読売新聞』は一面では報じず、社会面で淡々と伝えた。

『読売』は8月30日（日曜日）の反対デモだけではなく、29日（土曜日）に行われた安保法案賛成派デモとセットで報じていた。これが他紙と違う点。「反対」と「賛成」デモをセットで報じることであくまで「週末のできごと」感を出していたのである。主催者発表では参加人数は反対12万人と賛成500人の差だが、『読売』は両論併記という合わせ技できた。

『産経』は「デモの人数」について焦点をしぼっていた。《警察「3万人」主催者「12万人」周辺、雨中騒然》という見出しが目立った。

〝警察関係者によると、約3万人が集まったとみられる。主催者側は約12万人が参加したと発表した。〟

他紙はまず「主催者発表」を先に書き、そのあと「警察関係者の言う数」を報じていたが、『産経』はまず警察関係者の言う数が先なのである。「警察と主催者の人数の差に開きがあるけどどう思う？」と言っているようだ。

■「デモ参加人数」の伝え方でわかる各紙の違い

『産経新聞』と対照的だったのは『東京新聞』だった。「編集日誌」では「『政府に勝手なことはさせない』。有権者が強い意志を示した歴史的な大集会だった。そういう思いを込めた紙面をお届けします。」と宣言し、国会デモの情報量としては全紙の中でダントツだった。

しかし、これだけデモ情報に詳しい『東京新聞』だったが、他紙と比べると「ある情報」だけ記載されていないのである。

実は、『東京新聞』にはデモ参加人数の「警察関係者発表」は記載されていないのだ。


〝国会周辺では、市民団体「戦争はさせない・9条壊すな！ 総がかり行動実行委員会」主催のデモに十二万人（主催者発表）が参加し、法案反対デモとしては最大規模となった。実行委によると一斉行動の呼び掛けに応じた各地でのデモや集会は、少なくとも二百カ所以上に及んだ。〟（2015年8月31日朝刊）

このように主催者発表は団体名まで記載しているが、「警察関係者発表」はこの日の紙面のどこを探しても載っていないのである。

『朝日』も『読売』も『産経』も『毎日』も、それぞれ論調や主張は分かれていても「主催者発表」と「警察関係者の言う数」の両数字を併記している。しかし6ページにわたってデモを伝える『東京新聞』に限って警察関係者の「3万3千人」は載せていない。

主催者、警察、どちらの数字が正しいかはわからない。わからないからこそ、各紙どちらの数字も載せているのだろう。社説やコラムで安保法案に対して賛成反対を主張するのは新聞各紙の読ませどころであり、華である。バンバンやればよい。しかし、思想や信条とは別に「主催者発表」と「警察関係者発表」は併記すべきではないだろうか。だって、『東京新聞』の読者は警察はどう見ていたかという情報を知ることができないからだ。「警察の言う数はちょっと少なくない?」という疑問すら生まれないことになる。

「参加人数」については翌々日もこんな記事があった。9月1日の『産経新聞』である。見出しはこうだ。

《国会前集会 本当に「12万人」?》

〝参院で審議中の安全保障関連法案に反対する市民団体が8月30日に開いた集会への参加者数が、国会正門前は多くても3万2千人程度だったことが産経新聞の試算で分かった。国会周辺にも参加者がいたとはいえ、主催者の「戦争させない・9条壊すな!　総がかり行動実行委員会」が発表した12万人にはほど遠い。警察当局は約3万3千人と発表している。〟

デモの主催者発表にとことんケチをつける……いや、疑う『産経』。「12万人」に嚙みつく。ついには試算まで公開した。

〝試算は上空から撮影した正門前で警備にあたっていた警察車両の前に機動隊員が15人並んでいたことを基準とした。そこに面した正方形部分の人数を約225人と計算。白枠の正方形はその16倍で約3600人とした。9つの白枠全てが参加者で埋まっても国会前は約3万2400人となった。〟

ツイッターではこの記事への反応が熱かった。「国会前だけ計算してどうする」「一日で入れ替わりがあるだろ」というツッコミもあれば、「ほーらみろ、12万人なんて嘘つけ」というような反応もあった。批判合戦である。

とにかく「数は少なかった」にこだわる『産経』の執念。新聞の行間から感情を味わいたい私からすればご褒美的な記事であった。見事に意思が浮かび上がっていた。

「数」でいえばこんな興味深い記事があった。『北海道新聞』である。こちらはネット配

信で見つけたのだが、タイトルは

《参加者数12万、それとも3万？ 国会前の反安保集会》（２０１５年9月2日）

〝先月30日に国会周辺で開かれた安全保障関連法案反対の集会の参加者数をめぐり、主催の市民団体は約12万人と発表したが、警視庁関係者は3万人余りとして開きがあった。実際は何人だったのか。〟

たしかに気になる。素晴らしい野次馬視点だ。抜粋しよう。

〝参加していた生活の党東京都第10区総支部長多ケ谷亮さん（46）が、国会周辺の地下鉄駅を当日降りた客の数を調べたところ、前週と比べ、最低でも5万5千人以上多かったことが分かった。〟

〝客の数を明らかにしなかった周辺駅もあり、多ケ谷さんは「JR駅やバスで訪れた人も合わせると、参加者は3万人を大きく上回っていたのは間違いなく、主催者発表の方の数字に近いだろう」と話している。〟

そうか、駅の乗り降りから推定する手があったのか。これでいくと5万5千人以上はカタい。地下鉄以外で来た人を合わせると警察発表3万3千人の倍は確実にいそう。

参加人数の表現方法を見るだけで各紙の温度差を見るのはおもしろいが、読者の素朴な疑問にこたえる角度から「真実らしきもの」を伝えた記事であった。

最後にもう1紙紹介しよう。『日本経済新聞』である。

政治的ネタは淡々と伝えるのが経済紙たるゆえん。デモについては社会面で、天気予報の上で写真入りで伝えている。見出しは、

《安保法案反対、大規模なデモ　国会周辺埋め尽くす》（2015年8月31日）

おっ、と思ったのが参加人数の伝え方である。

〝警視庁は参加者数の発表をしていないが、警察関係者は3万人余りとしている。〟

そう、警察は公式に発表はしていないのだ。新聞が伝えたのはあくまで関係者のコメント（記者が警察の警備や広報の担当から取材して聞いた人数）なのである。この点を『日本経済新聞』はわかりやすく書いていた。

先ほど『東京新聞』は「警察関係者発表」は載せていないことを紹介した。思想や信条とは別に「主催者発表」と「警察関係者発表」は併記すべきでは？ と書いた。しかし万が一、「警察は公式発表していないから主催者発表だけを載せているのだ」と言うなら『東京新聞』にもスジが通っているのかもしれない。

でもやっぱり思うのである。花火大会のような話題なら主催者発表の数字だけでもいい。花火大会の参加人数をいちいち細かく気にする人はいないから。しかしデモの人数は知りたい点のひとつである。私は『東京新聞』も「警察関係者の言う数」は載せてほしかったと思う。

このデモの1週間前、「長渕剛10万人オールナイト・ライヴ」が富士山のふもとで開催された。ツイッター上からはとにかく参加者の熱さが伝わってきた。すごいものが行われているという実況。それに対し「本当に10万人も集まったのか」という揶揄や懐疑的な見方も流れてきた。

　長渕ライブは当然「主催者発表」しかない。でもミュージシャンのライブでさえ、何人集まったのか話題になるのである。

ましてやデモに関してはまさに「何人集まったのか」だけで熱く議論する人たちがいる。今回のような政治物件は警察関係者が言う人数も併記しておいたほうがよいと私が感じた理由である。

　それにしてもだ。こうして見てみると、難しい解説や主張などを読まなくても各紙の「安保法案」への立ち位置がわかっておもしろいではないか。

　これは各紙のキャラであり芸だと思っている。同じモノを見て考えや気分が異なるのは当然だ。それをどう表現するのか。向こうが発信するなら、こちらはきちんと差異を感じ取ればよい。

　新聞のキャラを知れば記事を読む際に奥行きも広まる。「なるほどそうきたか」「こういう方向に持っていきたいんだろうけどこれは苦しいな」と考えるきっかけになる。

　私がこのデモ報道で新聞各紙を読み比べて思ったことを書こう。

先述の『北海道新聞』の「地下鉄駅の乗り降り」からの推察だと、今回のデモ参加者は最低5万5千人以上であった。デモは「デモンストレーション」の略だ。集団で社会に対して意思や主張を広く示すことである。このアクションに5万5千人以上集まったら、私は「大きなニュース」であると思う。一面で報じるニュースバリューはあると感じた。

新聞をまず読んでみる。いろんな考えの新聞がある。1紙を否定する前にまず読み比べてみる。

そうすると必ず発見がある。

■「デモは若者がやっていたのか」で割れる論調

安保法案反対のデモ報道をめぐっては、学生団体「SEALDs（シールズ）」の扱いについても、各紙のスタンスの違いが丸見えとなった。

『産経新聞』はデモを伝える記事のすぐ下で《学生団体「シールズ」とは》という記事を載せていた。むしろこっちがメイン。

〝ヘルメットにゲバ棒といった過去の組織運動とは一線を画し、〝グリーン〟なイメージ

で存在感を示しているが、実態は不明な部分もある。〟（2015年8月31日）

このあと、

〝シールズをきっかけに地方に広がった若者の取り組みでは、共産党が助言を行い、関係者を動員して活動を支援するなどし、若手党員の獲得につなげようとしているとの分析もある。〟

と書く。ここで巧妙なのは「との分析もある。」という表現である。シールズに懐疑的な『産経』は、どうしてもこの見立てを読者に紹介したかったのである。

『産経』のシールズ「探究」は続く。

〝参加経験者を年代別に見ると、最も高いのは60代以上の52・9％で、40代の20・5％、50代の14・7％が続いた。20代は2・9％で、20代全体に占める参加経験者の割合は0・8％にとどまった。（略）「60年安保」や「70年安保」闘争を経験した世代の参加率、参加

意欲が高いようだ。〃（2015年9月14日・産経ニュース）

つまり、「デモは若者が主体のように伝えられているけど、ホントはかつての青春時代が忘れられない年配者が多いのでは？」と『産経』は言いたいのだ。

一方、正反対の立場で紙面作りをしているのが『朝日新聞』である。「デモは若者たちがやっている」「若者頑張れ」という応援ムードが、きわだつのだ。社会面で「若者の声」をたくさん紹介し、今回の安保デモを「一般の若者の叫び」という図式に持っていきたい気持ちが伝わってくる。

その極致が9月22日の「天声人語」だった。おもしろいので引用してみよう。

〃ここしばらくの間で、個人的に最も耳に残った言葉は、「とりま廃案」「それな、それな」だった。安保法案に反対する高校生たちが街頭で繰り返しコールしていた。若者言葉なので、首をひねる方も多いだろう〃

コラムはこんな書き出しから始まり、若者言葉の変化を述べたうえで「言葉はいつも若い世代が変えていく」と続く。そして、「やばい」を「とてもすばらしい」の意味で使う人は、10代で9割強、20代でも8割近くいるという例をあげ、最後にこう締めるのだ。

〝口は挟むまい。政治に声を上げ続ける大学生、高校生らの姿は頼もしい。「今どきの若い者は、やばい」。決まりが悪いのをこらえて若者言葉を使い、そうつぶやいてみる。〟

「今どきの若い者は、やばい」……無理やり若者言葉を使ってまでデモにエールをおくる『朝日』。

しかし、そんな『朝日』も数年前は若者に説教を垂れていたことをご存じか。

2012年の「成人の日」の『朝日新聞』の社説**《尾崎豊を知っているか》**である。

〝ああ、またオヤジの「居酒屋若者論」か、などと言わずに、聞いてほしい。キミが生まれた20年前、ロック歌手・尾崎豊が死んだ。〟

〝彼が「卒業」「15の夜」といった曲で歌ったのは、大人や社会への反発、不信、抵抗。恵まれていないわけじゃないのに、「ここではない、どこか」を探し、ぶつかり、傷つく。

その心象が、若者の共感を呼んだ。尾崎の歌は高校の教科書にも採用されたほどだ。〟

「教科書にも採用されたほど」という、尾崎とは正反対の価値を持ち出して尾崎を語るのはご愛嬌として、なぜ『朝日』が彼を「成人の日」の社説に？ という理由は後半にわかる。

尾崎豊はどこへ行ったのか、と問い、社説をこう締めるのだ。

〝でも、言わせてもらう。私たちは最近の社説でも、世界の政治は若者が動かし始めたと説き、若者よ当事者意識を持てと促した。それだけ社会が危うくなっていると思うからだ。だから、くどいけれど、きょうも言う。成人の日ってのは、そんなもんだ。

ともあれ、おめでとう。〟

言うだけ言って最後に「ともあれ、おめでとう」という圧倒的な上から目線のおじさん話法はともかく、今の若者は尾崎みたいに社会に対してもっと怒れ、と朝日おじさんは言っているのである。

もうおわかりだろう、『朝日』がこの数年後に出てきたシールズの若者がかわいくて仕方がない理由が。

社説世代のおじさんの悪いクセは、若かりし頃の学生運動の思い出に今もうっとりしていることだ。それより今の権力に何か言ったらどうかと思うのだが、「俺も昔はよくケンカした」と言いたがるおじさんにとって「元気のいい若者」は懐かしいのである。

こうして考えてみると、『産経』が「デモは若者が主体のように伝えられているけど、ホントはかつての青春時代が忘れられない年配者が多いのでは?」といぶかるサマは、デモ自体よりも、デモに若者時代の過去を重ね合わせてうっとりしている『朝日』のことが嫌いなのだろうか? とさえ思えてくるのである。

シールズを通して読むと、『朝日』と『産経』の違いがハッキリとわかっておもしろかった。

■〝見出しの書き方〟で政権との距離の近さがわかる

新聞によって親政権的なところと、そうでないところという「キャラ」がわかっていれば、見出しを見るだけで「ああ、なるほどな」と思える。

たとえば、2014年の総選挙前の解散報道だ。
まずはこの見出しを見てほしい。

《増税先送りなら解散》（11月9日・読売新聞）

他紙の見出しは「解散か」だったのに、『読売』の見出しだけが「解散」といち早く確定的に書いたのである。横には「首相検討　年内にも総選挙」というダメ押しもある。記事の冒頭はこうだ。

〝安倍首相が、来年10月に予定されている消費税率10％への引き上げを先送りする場合、今国会で衆院解散・総選挙に踏み切る方向で検討していることが8日、分かった。〟

「分かった。」のである、『読売』は。すごいではないか。
そして2日後の11月11日には、

〝安倍首相は10日、消費税率の10％への引き上げを先送りする場合の衆院解散・総選挙の日程について、早ければ、一連の外交日程を終えて帰国する17日から数日以内に解散する方向で検討を始めた。（略）与党は、早期解散を容認する構えだ。〟

と書いた。まるで首相や与党からの報告みたいではないか。

ではこの日、他紙はどう書いていたか。『朝日』は同じ11日の記事で**《早期解散、広がる臆測》**と書いている。

〝安倍晋三首相が年内にも衆院の解散・総選挙に踏み切るとの観測が政権内に広がり始めた。〟

と、文中でも「観測」という言葉を使用している。断定の『読売』に比べ、臆測や観測を伝えた『朝日』がいじらしく思える。

新聞の書き方や立ち位置としては『朝日』のほうが普通だ。だからこそ『読売』の報告的な書き方は、政権との距離の近さがわかるのである。

続いての例は２０１６年春の報道を見てみよう。

夏の参院選に合わせて衆院選も実施する「衆参同日選」の可能性が持ち上がったことがあったが、５月25日には『毎日』が**《(自民）党内で同日選論拡大》**、『読売』が**《同日選見送りの公算》**と、まったく逆の見出しを打ったのである。

こんなときも、各紙の「キャラ」の違いを知っていれば、「政権と近い読売のほうがおそらく正しいのでは」という見立てが可能になる。果たして、その年の衆参同日選は回避された。あとで「やっぱりな」という答え合わせができるのである。

それにしても新聞が政権とそんなに近くてよいのだろうか？　という疑問もある。猟犬ではなく権力の番犬になってよいのか？　という。でも一方で、政権のことを知りたいなら『読売』をチェックしたほうがいいのも事実。読み比べの魅力で言えば。

こうした見方は、新聞をフラットに公正に読もうとしていたらできないことだ。ある程度「予断」や「見立て」をもって下世話に前のめりに読むことで、一歩深く読み込むこともできるのである。

ここまで、新聞が政権との近さを利用した例を書いてきた。次は、政権が新聞を利用している例をあげよう。

２０１４年の夏に起きた「石破茂を自民党幹事長から外そうとした動き」がわかりやすい。

まず『読売』に**《石破幹事長交代へ、安保相に起用の意向…首相》**（8月10日）という記事が出た。

8月18日には**《石破氏が安保相受諾を検討　幹事長に岸田氏ら浮上》**と共同通信が伝えた。これに他の新聞も後追いした。

こうして「石破、安保相へ。幹事長交代」のムードが新聞では一気に高まった。しかし、そんなものは自然発生的に起きるわけがない。この話題を「誰かが」定期的に流すことによってマスコミで報道され、既成事実化していったのだ。事実、この間に石破氏は何も発言していない。

政治家がマスコミを使って自分に有利になる情報を流そうとする以上、我々にできることは「見つめる」ことである。このときの「安倍対石破」で言えば、「では石破茂の反撃はいつなのか？」「石破氏もしたたかといわれるくらいの狡猾な戦いができるのか？」という「次の一手」を見守る姿勢である。そこで政治家のケンカの強さや器量が見えてくることがあるからだ。

私が「政局がそこにあるのなら、政局をウォッチする意味もある」と常々主張するのはそういう理由だからである。

そして「報道通り」、このあと石破氏は幹事長の座を交代することになった。仕掛けられた戦いとはいえ、石破氏は情報戦はあまり得意でないことがわかったのである。

■軽減税率を各紙はどう報じたか

2015年12月に「軽減税率」の論議が動いた。消費税を10%にあげる際に導入する軽減税率について、自民・公明両党の協議が決着したのだ。「酒類、外食を除く食料品全般」と「新聞」の税率を8%に据え置くことになった。

さて、ここで取りあげたいのは「新聞も軽減税率適用」という話題を、新聞自身はどう報じたのか？　というウォッチである。自分でもかなり意地悪な視点だと思うが、各紙のキャラが出ていておもしろいのである。

まず自社が軽減税率の対象となることに、まったく照れがなかったのが『読売新聞』であった。

〝新聞と出版物は、民主主義の発展や活字文化の振興に貢献してきた。単なる消費財でなく、豊かな国民生活を維持するのに欠かせない公共財と言える。こうした社会的役割を踏まえ、日本でも、新聞と出版物に軽減税率を適用すべきである。〟（２０１４年12月13日社説）

まったく照れてない。新聞の部数減がいわれる中、新聞は「民主主義の発展」「豊かな国民生活を維持するのに欠かせない公共財」と堂々と言ってみせるナベツネの面目躍如ではないか。勝手にナベツネと書いたが、『読売』の「取締役主筆」であるナベツネ（渡邉恒雄）が言っていると想像して読むと、『読売』の社説は堪能できるのである。自分は正しくてエライというナベツネオーラが行間から伝わってくる。

この7日後、ナベツネが、いや、『読売』社説がご立腹になる。民主党（現・民進党）の枝野幸男氏が新聞への軽減税率に疑問を表明したのだ。

すると、

〝見過ごせないのは、枝野氏が新聞への軽減税率適用に関して、「新聞よりも水道や電気

が必需品だ」と発言していることだ。〟（12月20日）

と、さっそくナベツネ（概念としての『読売』）が嚙みついたのである。

〝民主主義や活字文化を支える重要な公共財である新聞や出版物に対する理解を欠いていると言わざるを得ない。〟

出た、「重要な公共財」。これを自分で言えるかどうかが、ナベツネになれるかどうかである。

では同じ頃、他紙はどうだったのか。『朝日新聞』の社説を見てみよう。

《軽減税率　原点を忘れた政治決着》（12月13日）というタイトルで、「政策の原点を忘れ、打算と駆け引きに終始した政治決着というほかない。」と、自公両党の協議を「迷走」と呼び、『朝日』も怒っている。「深刻な財政難のなか、消費増税に伴う低所得者対策に知恵を絞るという課題を果たしたとはとても言えない。」と続く。

ここまで言うのであれば、この時点で検討されていた「新聞への軽減税率適用」案はどう書くのだろうと読んだが、この日の社説では言及されなかった。

そしてこの3日後に社説でふれた。２０１７年度から導入される消費税の軽減税率について詳細が決まった、という出だしで、

〝新聞が対象に加わった。〟

〝私たち報道機関も、新聞が「日常生活に欠かせない」と位置づけられたことを重く受け止めねばならない。〟（12月16日）

この感じ、おすもうさんが「謹んでお受けいたします。横綱の名に恥じぬよう精進します」と、かしこまって述べているようだ。

そして今までの自身の社説での言葉をふりかえってみせる。

〝社説では、軽減税率について、消費税率が10％を超えた時の検討課題にするよう提案し

てきた。日本の深刻な財政難を踏まえ、高齢化などで膨らみ続ける社会保障の財源の柱として、消費税の税収を有効に活用するべきだとの判断だった。しかし、〟

しかし？

〝10％の段階で新聞も適用対象になった。社会が報道機関に求める使命を強く自覚したい。〟

思わず適用されてしまいました、とでもいうような居心地の悪さがにじんでいる。書いていてハッとしたのか、社説は慌ててまた世の中のことに話を戻す。

〝軽減税率問題を通じてあらためて浮かび上がったのは、財政の再建と、所得や資産が少ない人への配慮、すなわち「再分配」強化の両方を同時に模索することの重要性だ。〟

財政の再建を言及してきた手前、自分たちの税率が据え置きになることに対してのポーズをどうとればいいのか、最後までバツが悪いように見えた。

『朝日』は同じ日の総合面では津田大介氏（ジャーナリスト）と佐藤卓己氏（京都大教授）の2人の意見を載せていた。

『新聞各社は、将来世代の負担を避けようと、消費増税に向けた世論をつくってきた。それなのに、新聞に軽減税率の適用を求めるのはダブルスタンダードで、多くの国民の理解を得られないだろう。』という津田氏。これは世論の声だろう。

これに対し、佐藤卓己氏は、

『新聞は「思案のための食料」なので、食料品と同じように軽減税率の対象とすることに原則賛成する。発行間隔が短く読み捨ての新聞は「フロー（流動型）メディア」で、生鮮食品のようなものだ。』

これ、『朝日』が自分で言いづらいことを「人に言ってもらっている」と思えば、ニヤニヤしてこないだろうか。新聞は「思案のための食料」とか「新聞＝生鮮食品」とか、たぶん『朝日』も心の中でそう思っていると考えたい。堂々と「新聞は重要な公共財」と言ってしまう『読売』の豪快さに対し、『朝日』のほうはむっつりスケベ感が漂う。

では『毎日新聞』を見てみよう。
消費税の軽減税率は、生活必需品を広く対象とする「欧州型」を目指すべき、と『毎日』は前から主張していた。

〝また、与党間では新聞も対象にするよう調整しているという。欧州では書籍類も含め、「知識には課税しない」という考え方が定着しており、日本でもそれをふまえた制度設計が望ましい。〟

と述べる『毎日』。今度は「知識には課税しない」というフレーズが出てきた。
そして、12月19日の社説では**《「知」の普及妨げぬよう》**というタイトルで、

〝日本でも新聞を対象にしたのは妥当な考え方である。〟

と「評価」している。

〝権力におもねらず、多様な視点や価値観、論点を提供し、社会が極端な方向に流れるのを抑制する。それは新聞の重要な役割である。〟

と述べた。

同じリベラル派でも、どこかバツの悪そうな『朝日』に比べて『毎日』は軽減税率に堂々としていた。余計な下世話で言うなら『毎日』は経営上、消費税の据え置きはありがたいのだろうか。

それにしても新聞業界と政府との交渉はどういったものか、誰が主導権を握ったのかはわからない。しかし今回の結果で新聞が「権力におもねらず」ずっといけるか。読者の読みどころがまた増えたのである。

今回の新聞の軽減税率については、実は私は切ない気持ちになる。

ハッキリ言ってしまうと、私には、新聞は「国が保護しなければいけない絶滅品種」の匂いがプンプンするのである。

立川談志は今から数十年前に「このままでは落語は能や狂言と同じ道をたどる」と危機

感を表明していた。落語はそうならなかったが、あのときと同じ立場が今の新聞なのかもしれないと感じるのだ。特に宅配の新聞が。

宅配で新聞を取ってる人は決してもう多数派ではないはず。

しかし昔ながらの新聞業界のエライ人は「新聞も当然日用品である」という発想があるから、ここがどこかズレているというか、切ないのである。

私は新聞は日用品ではなくすでに嗜好品だと思っている。コーヒーやタバコと同じ。趣味のカテゴリーだと。

コーヒー・タバコはまだまだ需要はあるが、新聞は先細りになりそう。だからこそ保護しなければいけない匂いがするのだ。ましてや「定期購読で週2回以上発行される新聞」なんてそうだろう。だから軽減税率なのである。

でも、もう一度この「定期購読で週2回以上発行される新聞」という条件を見てほしい。何か思いませんか。駅売りで買う限り、『東スポ』『日刊ゲンダイ』『夕刊フジ』などの夕刊紙、タブロイド紙は軽減税率の対象外なのだ。タブロイド紙は除外されており、『日刊ゲンダイ』はそもそも雑誌扱い。軽減税率の対象は当初「新聞・雑誌」と言われていたが、いつの間にか新聞だけになっていた。

ああ、新聞界でもこんな差別が発生している。「民主主義を支える基盤だ」と言うならどの新聞も平等ではないか。「税率を高くする新聞、据え置きの新聞」の差があってよいのだろうか。必要な情報、必要じゃない情報はお上が決めるのか？　不自然ではないか。『朝日』『読売』『毎日』はこの理不尽を見て見ぬふりでよいのか。噛みつかないのか？『東スポ』『日刊ゲンダイ』『夕刊フジ』の逆襲が見たい。

世論調査は、質問の言い回しを比べよう

■質問項目からわかるアクロバティックな芸

安保法案をめぐる各紙の論調のあからさまな違いは、難しい社説やコラムを読み比べなくても一目瞭然だ。なんと世論調査の「質問の言い回し」に注目するだけで、各紙の「キャラ」や「立場」がハッキリ見えてしまうのだ。

たとえば、２０１５年9月17日に参院特別委員会で、安保関連法案がいわゆる「強行採

決」された際の世論調査。この質問を読み比べるだけで十分おもしろいことがわかる（各紙とも9月19・20日に実施）。

まずは『朝日新聞』から。

〝安全保障関連法は、参議院の委員会で採決が強行され、本会議で可決、成立しました。国会でのこうした進め方はよかったと思いますか。よくなかったと思いますか。〟

回答結果
よかった……………16%
よくなかった……67%

『朝日』は、「採決が強行され」と質問文に書いている。「あれは強行採決だった」ということを事実として伝えている。そして選択肢は「よかった」か「よくなかった」かを尋ねている。おカタい『朝日』っぽくもあるし、この尋ね方なら「よくなかった」に回答が集中してほしそうな意図があるようにも思える。

次に『毎日新聞』を見てみよう。

〝安全保障関連法を審議した参議院の特別委員会では、野党が入り口を封鎖するなどして採決に反対し、与党は質疑を打ち切って強行採決しました。あなたは、与党が強行採決をしたことを問題だと思いますか。〟

回答結果
問題だ…………65%
問題ではない……24%

『毎日』の問い方は、『朝日』よりも激しい。「与党は質疑を打ち切って強行採決しました。」という行間からも、その〝激おこ〟っぷりが伝わってくる。このムードで最後に「あなたは、与党が強行採決をしたことを問題だと思いますか」とキッパリ聞かれたら、普通の人なら迫力に押されて「あ……ハイ」と答えてしまいそうだ。「問題だと思いますか」という尋ね方は、あの採決方法への疑問が前提にあるというニュアンスが伝わってくる。やはり『毎日』は憤っているのだ。

続いては『読売新聞』だ。

〝安全保障関連法は、野党の多くが採決に反対する中、参議院本会議で、自民党、公明党と野党の一部の賛成多数で可決され、成立しました。与党が採決をしたことは、適切だと思いますか、適切ではないと思いますか。〟

回答結果

適切だ…………30％

適切ではない……60％

答えない…………10％

まず注目したいのは、『読売』が尋ねている「採決」のシーンである。佐藤正久議員がヒゲパンチで小西洋之議員のダイビングを迎撃した周辺事態があった「特別委員会」ではなく、あえてその後に行われた「参議院本会議」での採決について『読売』は問うているのだ。

するとその質問文の表現方法も変わってくる。『朝日』と『毎日』は「採決が強行され」や「強行採決」と表現したが、『読売』は「与党が採決をした」とだけ書いてあり、「強行」の文字は入れていない。なぜなら、乱闘があった特別委員会ではなく、参議院本会議のことを聞いているからだ。乱闘がなかった本会議について問う、なんとも絶妙というか巧妙な手法を使っているのだ。

さて、いよいよ『産経新聞』を見てみよう。こちらは、FNNとの合同世論調査となっている。あの採決シーンをどのように表現し、質問したのか。

〝安全保障関連法案の参議院特別委員会での採決は、質疑が行われず、与野党の議員がもみ合う混乱状態のまま終了しました。こうした事態の責任は、与党側にあると思いますか、野党側にあると思いますか。〟

回答結果
与党側……………………23・3％
野党側……………………17・2％
与党・野党両方にある……57・2％

なんというアクロバティックな切り口か。『朝日』や『毎日』が「与党のあの強行採決ってよくないよね」という、いわば確認行為として質問をしていたのに対して、『産経』はあの状態を「与野党議員がもみ合う混乱状態」と定義し、与党と野党どちらに責任があるか問うたのだ。

この問いに対する気になる回答は、「与党・野党両方にある」が57・2％ともっとも多い結果に。つまり、『産経』は見事に「みんなが悪い」に持ち込むことに成功したのである。「頑固保守おじさん」こと『産経』の奮闘ぶりが伝わってくる力作ではないか。ここまでくると、ちょっと感心してしまった。

このように、世論調査の質問ひとつを比べただけでも、安保法案に反対の『朝日』『毎日』、賛成の『読売』『産経』という色合いが、如実に出てしまう。同じものを見ているのに「強行採決」と書く新聞があれば、「与党が採決」とフラットに書く新聞もある。さらに、「与野党の議員がもみ合う混乱状態のまま終了」と表現する新聞もある。質問の仕方で、与える印象はまったく異なるのだ。

立場や思想が違えば見え方や考え方も違うし、もっと言えば誘導の仕方も違うのである。各紙それぞれ、表現の工夫に「頑張った」とも言えるだろう。個人的には、『毎日』の憤りっぷりと、『読売』のしれっとトボケている感じが味わい深い世論調査であった。

「社説」の言葉遣いに個性が出る

■『毎日』『読売』『朝日』がよく使う言葉を調べてみた

新聞にはこれからも頑張ってほしいと心から思う。新聞を読む人が少なくなっているなんて話を聞くとなんだか寂しい。

たしかに一般紙はとっつきにくいところがあるかもしれない。その象徴が「社説」だ。「社説」は新聞社を代表して毎日何かを主張し、世の中を諭している。新聞記事の中でもいちばんエライ存在だ。

まず常に上から目線。お説教のテーマは問わない。そこまで興味がないであろう地球の裏側のことでも「いかがなものか」。そして「こうするべき」と決まって言い出す。最後は「〜したい」と締めくくる。世の中の森羅万象に意見しているけど問題解決にはならない。何か言っているようで何も言ってない。なんかおかしい。

おまけに社説は普通に読むと難しい。じゃあどうするか。擬人化すればいいのである。私がよく提案しているのは社説を「大御所の師匠」だと思って読んでみることだ。「ああ、また師匠が何か御大層なことを言ってるぞ」と思えば俄然楽しめるのである。

また、新聞によって言葉遣いや、頻繁に出てくる語彙にも明らかに違いがある。『毎日』『読売』『朝日』の2015年分の社説をすべて調べてみたので、具体的に見ていこう。

3社の社説の締めくくりで、多く使われた言葉を順位づけすると、

『毎日新聞』

1位「〜すべきだ（すべきである）」
2位「〜したい」
3位「〜ほしい」

『読売新聞』
1位「〜すべきだ（すべきである）」
2位「〜したい」
3位「〜ならない（なるまい）」

『朝日新聞』
1位「〜すべきだ（すべきである）」
2位「〜したい」
3位「〜ほしい」

やはりと言うべきか、３紙とも「すべきだ」「したい」という提案系で社説を締めることが多かった。
では、文中で多く使われる言葉遣いまで広げてみよう。

『毎日新聞』
1位「~すべきだ(すべきである)」
2位「~ほしい」
3位「~したい」
4位「~ならない(なるまい)」

『読売新聞』
1位「~すべきだ(すべきである)」
2位「~したい」
3位「~ならない(なるまい)」
4位「必要がある」

『朝日新聞』
1位「〜すべきだ」
2位「〜したい」
3位「〜ほしい」
4位「〜ならない（なるまい）」

こうしてみると、『読売』は文中に「必要がある」が他紙より使われていることがわかる。

〝グラウンド外でも選手教育の在り方を再構築する必要がある。〟（11月11日）

これは《野球賭博処分　信頼回復に全力を尽くしたい》という社説だ。たしかに『読売』にとって反省の「必要がある」年だった。

これ以外の「必要がある」はどんなものか。抽出してみよう。

〝日本は米国とフィリピンなどと連携し、中国に自制を促していく必要がある。〟（「南シナ海情勢　人工島を合法と強弁する中国」6月2日）

〝日本は米国などと連携し、注視する必要がある。〟（「BRICs会議　中露の国際秩序挑戦が露骨だ」7月11日）

〝日本は米国と協調し、中国に自制を粘り強く促す必要がある。〟（「日中韓首脳会談　東アジア安定へ対話を重ねよ」11月2日）

〝周辺国は、中国軍の改革が習氏の計算通りに進むのか、注視する必要がある。〟（「中国軍機構改革　対米挑戦姿勢は緊張を高める」12月16日）

「必要がある」という言葉を抽出してみると、『読売』は中国にとても敏感なことがわかる。中国に対してはとにかく米国と「連携」して「注視」し、「自制を促す」ことが「必要である」のだ。

さらに対中国に関しては、『読売』のオリジナルと言っていいフレーズを発見した。「〜は、中国ではないか」という言葉である。並べてみよう。

〝しかし、尖閣諸島周辺の日本領海や、南シナ海のフィリピン、ベトナムなどとの係争海域で、力による戦後秩序の変更を図ろうとしているのは、中国ではないか。〟（「戦後70年　未来志向で歴史と平和語ろう」1月3日）

〝「戦勝国」として世界秩序を守ると強調したいのだろうが、インドやベトナムとの武力衝突を繰り返し、戦後秩序に挑戦してきたのは、中国ではないか。〟（「中国全人代開幕　安定成長へ軟着陸できるか」3月6日）

〝先の大戦への反省を踏まえ、世界の平和と繁栄に貢献してきた戦後日本は、大多数の国に評価、信頼されている。「良識」が疑われているのは、むしろ中国ではないか。〟（「中国全人代閉幕　習政権の独善体質が目立った」3月16日）

〝中国の王毅外相が「米に軽率な行動を慎むよう促す」と反発したのは筋違いだ。「軽率な行動」を控えるべきは中国ではないか。〟（「米艦南シナ海に　中国の軍事拠点化を許さない」10月29日）

見事なほどの『読売』の必殺フレーズではないか！　対中国専用の「いろいろ言ってるけど悪いのはお前じゃないか！」という、『読売』の激しいつぶやき。エアツッコミとでも言おうか。擬人化するならもちろんナベツネを想像してほしい。

他紙では見られない『読売』独特の語彙はまだある。「看過できない」という言葉だ。

〝新銀行東京が行き詰まった原因について、石原氏らが、設立時の経営陣にあるとの説明を繰り返してきたのは看過できない。〟（「新銀行東京　経営統合でも残る独断のツケ」6月14日）

〝国民に誤った期待を抱かせたことも看過できない。〟（「ギリシャ危機　国民投票は悲劇の幕開けか」7月7日）

では、こちらも紹介しておこう。

〝国民の人権擁護に努める弁護士が一方的に弾圧される事態は看過できない。〟（「中国弁護士拘束　習政権の強権統治を憂慮する」7月15日）

〝中国が南シナ海情勢を緊張させていることは、看過できない。〟（「南シナ海情勢」8月3日）

やっぱり『読売新聞』は中国を看過できないのであった。

次は、『毎日新聞』。

他紙ではあまり見ることのできないフレーズは「納得できない」「納得がいかない」という言葉であった。

〝自治体任せにしたまま再稼働を進めることは納得できない。〟（「伊方原発合格証」5月25日）

〝なぜその代表例が中東・ホルムズ海峡での機雷掃海と邦人輸送中の米艦防護なのか、納得がいかない。〟（「安保転換を問う　政府の反論書」6月11日）

〝安倍政権はこれで幕引きを図るつもりのようだが、一連の対応は、納得がいかない。〟（「安保転換を問う　磯崎氏の招致」8月4日）

このように、『毎日』は政権に物申すテーマで「納得がいかない」がよく飛び出す。

そんな『毎日』がさらに激しい感情を社説であらわにしたのが、安全保障関連法案の成立の頃だ。

〝このままでは議会政治の根幹が崩れてしまう。成立を断念して出直すよう重ねて強く求

める。〟(「安保転換を問う　週内採決方針」9月15日)

〝日本を傷つける分岐になることを強く憂う。〟(「安保関連法案　成立に強く反対する」9月16日)

〝国のありかたに関わる法律をこれほど乱暴な手続きで作っていいのか。成立に改めて強く反対する。〟(「安保転換を問う　参院委採決強行」9月18日)

ほぼ3日連続で「強く求める」「強く憂う」「強く反対する」と、「強く」の3連発で締めたのである。ふだんなら「求める」「憂う」「反対する」だけでも十分成り立つのだけど、そこに「強く」を足した。この1年間の中でも『毎日』が強い気持ちを表明した特筆すべき3日間であった。

続いて、『朝日新聞』を見てみよう。

『朝日』ならではのフレーズは「〜重い」である。

〝今回の競技場問題から、くむべき教訓は広く、重い。〟(「新国立競技場問題　強行政治の行き詰まりだ」7月18日)

〝責められるべきは、カネを出す側だけではない。問題を放置してきた政治家の責任は重い。〟（「日歯連逮捕　不正寄付の全容解明を」10月1日）

〝学校の役割は大きく、責任は重い。〟（「いじめ調査　幅広い認知に努めよう」10月29日）

インテリ朝日おじさんが深刻そうにふるまう様子が伝わってくる。

この他「喫緊の課題である」など、いかにもな小難しい用語が見られるものの、『朝日』の社説そのものは王道だ。何をもって王道か。他紙でもよく出てくる「〜したい」で具体例をあげてみよう。

〝戦後70年談話は、それでは通るまい。首相の賢明な判断を期待したい。〟（「首相の演説　痛みに寄り添う言葉を」5月1日）

〝国レベルの取り組みについても議論を深めるきっかけにしたい。〟（「同性カップル　多様性認め合う社会に」11月10日）

〝勝利だけでは語れないスポーツと人間の関係を、今後5年間でじっくり考えてみたい。〟（「五輪のメダル　政府目標は必要か」11月24日）

読んでいただくとわかると思うが、優等生すぎて無味乾燥なのである。
この無難な「〜したい」用法が結集した日があった。こちらだ。

〝節目の年にふさわしい歴史的な日韓関係の進展である。両政府がわだかまりを越え、負の歴史を克服するための賢明な一歩を刻んだことを歓迎したい。（略）両外相ともメディアを通じて両国民に固く誓ったのだ。合意をしっかり履行してほしい。（略）両政府とともに、元慰安婦たちの支援者ら市民団体、メディアも含めて、当時の教訓を考えたい。（略）3日後の新年からは、日韓がともに前を向いて歩む50年の始まりとしたい。〟（「慰安婦問題の合意　歴史を越え日韓の前進を」12月29日）

私はこういう日の社説を「したい祭り」と呼んでいる。「何か言ってるようで何も言っていない祭り」とも。

ちなみに、『毎日』が3連発で憤った安全保障関連法案の成立については『朝日』はなんと書いたか。

〝国権の最高機関とされる立法府が無残な姿をさらしたのは、極めて遺憾である。〟（「安保法案と国会　熟議を妨げたのはだれか」9月19日）

出ました「極めて遺憾」。『朝日』の社説からは官僚的な匂いがする。

次は、思わずぼんやりとした読後感がある社説用語を紹介しよう。

まずは「思いをはせたい」。

〝一人一人が何をできるか、そんなことにも思いをはせたい。〟（毎日新聞「ミラノ万博」5月19日）

〝欧州に到達した難民たちの問題から、中東を中心にした世界の難民問題の全景へと思いをはせたい。〟（朝日新聞「シリア難民　近隣の国々にも支援を」9月27日）

ミラノ万博、シリア難民、どちらも距離が遠すぎてぼんやりしてしまったようだ。

次は「知恵を絞りたい」。

〝体を動かし、汗を流す人が増えるよう、知恵を絞りたい。〟（読売新聞「体育の日 日常に運動習慣を組み込もう」10月12日）

〝12球団が一体となって、サービス向上に知恵を絞りたい。〟（読売新聞「プロ野球開幕 ファン層をさらに広げよう」3月27日）

〝大人が事故防止に知恵を絞りたい。〟（読売新聞「親の監督責任 最高裁が免除基準を示した」4月11日）

どれもあまり真剣に考えてなさそうなのが伝わってくる。

さて、ここからは、世界史的にも大きなニュースとなった「アメリカ大統領選 ドナルド・トランプ氏勝利」の翌日（２０１６年11月10日）の各紙を見てみよう。

私は読み比べを楽しむために、トランプが選挙中に言っていた「公約」のひとつに注目した。「駐留米軍の費用を負担しろ！」「でなければ撤退だ！」というあの主張だ。大統領選に勝ってしまった翌日、各紙はどう反応するのか。社説やコラムに注目した。

まず『朝日新聞』の社説。**《トランプ氏の勝利　危機に立つ米国の価値観》**というタイトル。

〝出口が見えない中東の紛争、秩序に挑むような中国やロシアの行動、相次ぐテロ、北朝鮮の核開発など、国際情勢はますます緊張感をはらんでいる。地球温暖化や難民、貧困問題など、世界各国が結束して取り組むべき課題も山積する。〟

そして、

〝従来の米国は、こうした問題に対処する態勢づくりを主導してきた。しかし、トランプ氏がそれを十分に把握しているようには見えない。〟

と説く。

〝それを象徴するのが、同盟国にコスト負担を求めたり、日韓などの核武装を容認したりするなど、同盟関係への無理解に基づく発言の数々だ。〟

いよいよきました「駐留経費」問題。『朝日』はどう書く？

〝米国の役割とは何か。同盟国や世界との協働がいかに米国と世界の利益になるか。その理解を早急に深め、米外交の経験と見識に富む人材を最大限活用する政権をつくってほしい。日本など同盟国はその次期政権と緊密な関係づくりを急ぎ、ねばり強く国際協調の重みを説明していく必要がある。〟

『朝日』は「米国の役割の自覚を」と言っている。巧妙だと思うのは「地球温暖化や難民、貧困問題」なども入れているが、要はいちばん心配しているのは「同盟」のことだろう。行間からは、アメリカには従来の「世界の警察」であってほしいようにも読める。『朝日』のキャラ的には大声で言えないけど、「トランプ氏を、世界にとって取り返しのつかないリスクとしないために。」という最後の一文なんか特に心配が伝わってくる。

続いて『毎日新聞』。**《米大統領にトランプ氏 世界の漂流を懸念する》**。文学的なタイトルである。

ここで言う〝世界の漂流〟とは「経済にせよ安全保障にせよ国際的なシステムが激変する可能性」のこと。

トランプ流の「米国第一」主義（利益誘導）が先行すれば国際関係は流動化する、と。

そして『毎日』は、

〝だが、米国は単独で今日の地位を築いたのではない。故レーガン大統領にならって「米国を再び偉大な国に」をスローガンとするのはいいが、同盟国との関係や国際協調を粗末にして「偉大な国」であり続けることはできない。その辺をトランプ氏は誤解しているのではないか。〟

と書く。

『毎日』も「同盟国との関係や国際協調を粗末にするな」と主張していた。

続いては、『日本経済新聞』。

ここは**《米社会の亀裂映すトランプ氏選出》**という社説だったが、駐留米軍の費用につ

いては、

〝日本の安全保障が米軍に依存しているのは事実であり、ある程度の負担増はやむを得ない。〟

とアッサリ。そして、

〝同氏が「ただ乗り」批判をしたのは日本だけではない。韓国やサウジアラビアも対象になっており「日本たたき」などと感情的に反発すべきでない。損得勘定にさとい相手にはビジネスライクな対応がむしろよいのかもしれない。〟

と書いていた。

『日本経済新聞』にビジネスライクという言葉がそのまま出てくるサバサバ感。これが経済人の現実感覚というものなのか。妙な感心をしてしまった。

次は、『読売新聞』。

《トランプ氏勝利の衝撃広がる》「冷静に日米同盟を再構築したい」という社説だ。さすがだ、小見出しでもう「日米同盟」が入っている。

〝何よりも懸念されるのは、同盟国を軽視するトランプ氏の不安定な外交・安保政策だ。〟

ときました。イヨッ、待ってましたナベツネ！　概念としての『読売』。

〝中露の影響力が相対的に拡大し、「力による現状変更」の動きが加速する恐れがある。〟

『読売』は、いやナベツネは、やっぱり中国とロシアが気になって仕方ないのである。

そして、

〝日本は、新政権の方針を慎重に見極めながら、同盟の新たな在り方を検討すべきである。〟

と書く。

そのあと、北朝鮮の核ミサイル開発もあげ、アジア情勢の対応について「議論を深めねばなるまい」と締める。

「同盟の新たな在り方」といい、「議論を深めねばなるまい」といい、『読売』は今まで以上にアメリカと日本は強力に同盟を結ぶべし！ と言っているように読める。トランプ大統領誕生で焼け太り的な提案をしてる。

続いては、『産経新聞』。社説は**《トランプ氏の勝利「自由の国」であり続けよ》**「新同盟関係へ日本は覚悟を」。

『産経』も、『読売』と同じで同盟問題を小見出しに入れてきた。

トランプ氏の「駐留米軍経費の負担増」について、

〝発想の根本には損得勘定があるようだが、国際秩序の維持に努める重大な意義と天秤にかけられる話ではあるまい。〟

『産経』保守おじさんが叱っている。先ほどの『日本経済新聞』を見せてやりたい。〝損得勘定にさとい相手にはビジネスライクな対応がむしろよいのかもしれない。〟というビジネスマンの合理的な意見を聞かせたらどうなるか。きっと頭に血がのぼるに違いない。

そして、

〝日本の経費負担の現状や在日米軍の持つ抑止力の意義について誤解を解く努力を重ねるべきだ。より重要なのは、東シナ海の尖閣諸島の危機を抱える日本として、自ら防衛努力を強める覚悟を持つことである。〟

と主張する。

さて、『産経』でおもしろかったのはこのコラム。一面に大きく載っていた**《トランプ大統領で、いいじゃないか》**。東京本社編集局長・乾正人氏のコラムだ。

〝ついに「驚くべき日」がやってきた。〟

と冒頭で驚いてみせるものの、「トランプ大統領で、いいじゃないか」と宣言。引用してみよう。

〝トランプ大統領で、いいじゃないか。トランプ流の「在日米軍の駐留経費を全部出せ」といったむき出しの本音には、日本も本音で向き合えばいいのである。(略)いよいよ米軍が撤退する、となれば、自衛隊の装備を大増強すればいい。その際は自前の空母保有も選択肢となり、内需拡大も期待できる。沖縄の基地問題だって解決に向かうかもしれない。〟

コラムの締めは、

〝日本も米国に軍事でも経済でも過度に依存しない「偉大な国」を目指せばいいだけの話である。〟

どこか嬉しそうなのが行間からにじみ出る。「偉大な国」を目指すため、『産経』もトランプに依存してるように見えたのは気のせいか。

最後は、『東京新聞』。

トランプ当選翌日の社説では「駐留米軍経費」については書いていなかった。その代わり、社会面に**《基地考える機会に》**という大きな記事があった。国内の声を紹介している。

米海軍基地がある横須賀市で「基地撤廃」を訴える人のコメントは、まず「ショック療法ではあるが基地について考えるよい機会としたい」。これが見出しに採用されたのだ。

そして、

〝「在日米軍基地の在り方は米政府よりむしろ、日本政府が旧来の考えにしがみついている。トランプ大統領によって、米国が変わるのであれば、日本は日本で考えるという議論が盛り上がってほしい。」と話した。〟

さらに沖縄平和運動センターの事務局長のコメントも載せている。

〝「撤退するというのなら、ぜひどうぞと言いたい」。〟

何か気付きませんか？ 『読売』『産経』『東京』を読み比べるとおもしろいことがわかる。あえて右派と左派という表現で言うなら、トランプ氏の「駐留米軍経費の負担増」の発言によって、右派は「自衛隊の装備を大増強すればいい」「日本の自主防衛を進めるチャンスだ」と言い、左派は「撤退するというのなら、ぜひどうぞと言いたい」と言っているのだ。

期せずして、右と左の両極にいる人たちはトランプの「米軍は日本から出て行くぞ」という発言をそろって歓迎していることがわかる。自分の思想や理想を実現するために。

この奇妙なトランプ歓迎は軍事関係だけではない。TPPでもそう。「TPP反対」を言っていたトランプが大統領になることで、喜んでいる日本の農家の様子も伝えられている。トランプに喝采を送るのは、アメリカの農業や工業従事者だけではないのだ。

私は思わず『七人の侍』のラストのセリフを思い出した。

「勝ったのはあの百姓たちだ、わしたちではない」

なんだか誰も勝ってないような気がした大統領選。各紙を読み比べてみると、そう感じたのである。

第3章

朝刊スポーツ紙は「芸能界の言い分」を読める

スポーツ紙はある立場からの「公式見解」が載る場所

■〝嘘は書かないが盛って書く〟スポーツ紙を楽しむ

朝刊スポーツ紙には6紙あるのをご存じだろうか。『日刊スポーツ』『デイリースポーツ』『スポーツニッポン』『スポーツ報知』『サンケイスポーツ』『東京中日スポーツ』だ。それぞれに母体となる新聞社がある。

「あれ、東スポは？」と思った方もいるかもしれないが、『東京スポーツ』は夕方にしか発行されないので、朝刊スポーツ紙に含まれない。その特異な存在感も合わせて、次章で大きく取り上げたいと思う。

さて、朝刊スポーツ紙の大きな特徴は、「阪神ならデイリー」「巨人なら報知」といったように、「推し球団」が決まっていることだろう。ファンは負けた翌日は紙面に励まされ、勝った翌日なら一刻も早く読みたい。ゴキゲンに偏るスポーツ新聞の魅力がここにある。

「白なのに黒だとは書かない。負けたのに勝ったとは書かないし、打ってもないのに打ったとは書かない。でも……何て言ったらいいんだろう。スポーツ新聞です。ここだけの話だけど、記事を書く時は少し盛り気味に書きます。」

これは『デイリースポーツ』の名物コラム「松とら屋本舗」の一節である（２０１６年3月30日）。スポーツ新聞の「魅力」についてみずから語っていた。デイリーといえば熱烈な阪神推し。では金本監督の初陣を報じた一面を見てみよう。

《超攻めた開幕戦 金本監督『最強のチームを作ろう』》（3月26日・デイリースポーツ）

一面の真ん中は、金本監督の満面の笑み。見出しといい、写真といい、華やか。しかしよく読むと、試合は「負けている」のである。しかし紙面は大勝したかのような雰囲気。まさにスポーツ新聞が爆発している。

「嘘は書かないが盛って書く」は、新聞と読者に信頼関係が成り立っているからできるスタンスだ。野球ファンは当然それをわかって読んでいるので、偏っていても怒ったりはしない。ある意味リテラシーの高い読者と新聞とが、理想的な関係を結んでいるとも言えるのである。

また、12球団には各紙の番記者がいて毎日密着している。記者にとっては取材力や構成力の差が試される厳しい場だ。担当する球団のヨイショ記事ばかり書いていたら読者が離れてしまうし、かといって、ネット記事のように「書き逃げ」は許されない。「番記者は監督や選手と毎日顔を合わせるので、書いた理由を説明できなければダメ。馴れ合いどころか緊張感があります」とは、スポーツ新聞のデスクの方から実際に聞いた言葉だ。

スポーツ新聞といえば芸能記事も読みどころのひとつ。きのう芸能界で何が起こったのか？　を教えてくれるのが朝刊スポーツ紙だ。芸能スキャンダルが起きると「事務所の公式見解」や「当事者の弁明」が載る。言ってしまえば、事務所の言い分を伝える「広報」の役割も果たしている。

これをもって事務所の言い分を垂れ流していると言うのは簡単だが、そこから「誰の言い分なのか」「この記事はどういう意図があるのか」「世論にどう思わせたいのか」と読み比べるのが、スポーツ紙のおもしろさだと私は思う。ＳＭＡＰ解散報道がそうだった。のちほど詳しく書こう。

スポーツ紙各紙の「キャラ」を独断で解説する

スポーツネットワークジャパンという団体が発行している『スポーツゴジラ』という雑誌がある。主に都営地下鉄の駅に設置されているフリーペーパーだが、2016年5月に発行された第31号の特集は「スポーツ新聞ワンダーランド」。スポーツ新聞発刊70年を記念して、朝刊スポーツ紙6紙に『東京スポーツ』を加えた7紙の名物記者たちが行った公開討論の様子を収めている。これがたいそうおもしろかったのである。相手の新聞をどう思うのかについても語られていたからだ。ここでは、各紙記者の語る言葉をときおり引用しながら、朝刊スポーツ紙それぞれのキャラを解説していきたい。

■『日刊スポーツ』は〝データの日刊〟

『日刊スポーツ』は、終戦のわずか7か月後の1946年3月6日に、日本で初めて刊行されたスポーツ新聞だ。

最古参らしく、『スポーツゴジラ』では他紙の記者から「データの日刊」と呼ばれており、データ・記録の蓄積がしっかりしていて信頼性があるとの評価を受けている。「日刊の記者はどこよりも早く現場に来て、どこよりも遅く帰るのがモットー」（2016年5月・『スポーツゴジラ』）という証言もある通り、取材が緻密で情報が細かいことに定評があるようだ。また、野球の試合などの打撃結果（テーブル）を最初に考えついて掲載したのが『日刊スポーツ』で、そこから各紙も真似を始めたという。

歴史と伝統があるだけでなく、先端技術も取り入れており、新聞のカラー化も『日刊』がもっとも早く導入したとか。北海道から沖縄まで全国どこでも読めるなど、販売網もいちばんしっかりしている。朝日新聞社が発行しているだけに、朝刊スポーツ紙界でも王道をいく、といったところか。また一般スポーツ紙で90年代からプロレスも報道したのが『日刊』。プロレスファンは朝は『日刊スポーツ』を買うようになった。

社会面も充実しており、匿名名物コラム「政界地獄耳」は読みごたえあり。

2016年の社会面の見出しでは、舛添前都知事がお正月を〝会議〟で過ごしたというホテル三日月のCMソング「ゆったり、たっぷり、の～んびり」にひっかけて、

《ゆったり正月に温泉　たっぷり会議費で　の〜んびり家族旅行ですか》（5月11日・日刊スポーツ）

が最高だった。

■『サンケイスポーツ』は〝野次馬〟

『サンケイスポーツ』は、その名の通りフジサンケイグループに属しており、1955年創刊とスポーツ紙の中では後発だ。そのため「他にない切り口、他がやらないことにチャレンジしよう」（前掲書）というのが記者の間でのスローガン。おもしろそうなことがあったらすぐに食いつく「野次馬」というのが他紙からのイメージだという。

競馬とラグビーに強く、かつては「サンスポのラグビー担当記者は、一日でもラグビーの原稿が出ないと社長に呼ばれる」という話があったくらいだとか。

東京版では、駅売りにのみ風俗面を掲載し、宅配版では差し替えているなど、「ご家庭にも安心」な健全さも売りにしている。

また、『スポーツゴジラ』では、『スポニチ』の藤山記者の証言が興味深かった。いわく、

「原稿がほんとに読みやすい、サラッと読めるんですね。対極にあるのが『日刊スポーツ』で、読み終えるのに恐らく1時間かかる。『サンスポ』は30分で読み終わる。決して中身がないのではなく、読みやすい原稿を書くよう訓練されているんだと思います」。言われてみれば、なるほどそうかもと思わされるが、さすが現役記者の指摘である。

エッチなページで掲載している読者応募の「性ノンフィクション大賞」は18回を数える。最新の入賞54作品を見ると60代が圧倒的に多く、驚くことに80代の作品もチラホラ。各所で話題の〝衰えない高齢者の性〟を如実に示す生きたデータともいえる。ちなみに83歳の特別賞受賞作品は『古希からの「青春」』であった。

2016年の見出しでは、

《もうコリゴリジョン　由伸巨人、積極策裏目に〝東北シリーズ〟連敗》（5月19日・サンケイスポーツ）

が印象深い。

■『デイリースポーツ』は〝とにかく阪神〟

「ブレない新聞」がキャッチコピー。なんといっても阪神タイガース推し。「年間の一面の約85％が阪神で、今年は今日まで64日間のうち阪神一面が59日で9割を超えるハイペース」（前掲書）というから、その姿勢は徹底している。阪神が試合で勝ったか負けたかによって、一面の『デイリースポーツ』の題字もトラの尻尾が上がったり下がったりする。名物コラムは「松とら屋本舗」。

２０１５年のラグビーワールドカップで日本代表が南アフリカを破る大金星を挙げたとき、《ラグビー日本 歴史的大事件》（日刊スポーツ）、《ラグビー史に刻む世紀の逆転トライ エディーの奇跡》（スポーツニッポン）と各紙一面は興奮してラグビーを伝えたが、『デイリースポーツ』は**《和田ズバリ!! 猛虎1差 8点圧勝》**だった。このブレのなさを楽しみにしているファンも多い。

『神戸新聞』が発行しているので阪神球団と直接の関係があるわけではない。ファンのニーズに応えて現在の形になった。

ネットに力を入れているのも『デイリー』。こまめに記事が配信される。あるアンケート結果では、（スポーツ紙の中で）大学生がいちばん見ているのが『デイリースポーツ』のネット版だったという。

■『報知』は〝巨人の報知〟か、〝報知の巨人〟か

もともと『報知新聞』という一般朝刊紙だったが、1949年に読売系列のスポーツ紙として再出発した異色の経歴を持つのが『スポーツ報知』だ。特徴はやはり読売ジャイアンツ推しであること。『スポーツゴジラ』では、『報知』の名取記者みずから「巨人の機関紙」と明言している。

名物コラムは「Gペン」。これはかつて白取晋記者が書いた「激ペンです」の流れを汲む。白取記者は93年8月、53歳で亡くなる直前まで、巨人戦計2017試合に「激ペン」を書き続けた。何よりこのコラムが魅力だったのは喜怒哀楽が毎日紙面に出ていたことだ。

〝こういう無気力な試合をやられると、その無気力さがこっちにまで伝染してモノいう元気がなくなるよ。練習のときからダラっとしているんだから……。暑い？　バカヤロウ、全国どこでも暑いんで、別に巨人の選手だけが暑かったんじゃないよ。〟（1987年6月7

日）

このように、巨人の試合や選手に納得がいかないことがあれば率先して紙面で叱咤した。その辛口と愛がファンから愛された。公平性がなく偏っているからこそ成り立つ、スポーツ新聞の醍醐味がおわかりいただけるだろうか。

『報知』は野球以外では芸能、特に歌舞伎や宝塚に力を入れている。

自宅への宅配率が高いことから、アダルト面がないという健全さも売り。「スポーツ7紙の中で一番真面目というか固い新聞のように思います」（前掲書）と他紙の記者からも言われているが、「お父さん、安心して宅配契約をしてください」という戦略も当然あると思われる。

■『スポニチ』は〝結婚ネタに執念〟

『スポーツニッポン』は、毎日新聞社が発行しているだけあって中道路線。

２０１６年の印象深い見出しは、逆転優勝を決めた日本ハムを、**《ドリームズ・ハム・トゥルー》**とやった。見事なオヤジジャーナルである。おじさんはたまらない。

『スポニチ』は圧倒的に芸能ネタに強い。SMAPの解散騒動も、『スポニチ』が関係者の情報という点では独走していた。

『スポーツゴジラ』では、『報知』で4年間芸能デスクをやっていた名取記者が「その4年間、『スポニチ』さんには非常に痛い目にあわされました」と証言。『サンスポ』の菅沼記者も、「とくに結婚ネタにはものすごい執念を燃やしておられますね」と語っている。元『東スポ』の柴田氏の「老若男女一番読みやすいのが『スポニチ』」という指摘も味わい深い。

ここ数年、『スポニチ』は元日に芸能スクープを載せるのがお家芸となっている。2012年の「上戸彩HIROと結婚へ」という〝スクープ〟から、2016年の「神田正輝・三船美佳32歳差熱愛」という微妙なものまで幅広い。

いずれにしろ芸能界と太いパイプを持っていそうなことは、SMAP解散報道でハッキリした。

■『東京中日スポーツ』は〝クルマのトーチュウ〟

『東京中日スポーツ』は、中日新聞東京本社が発行している。もともと東京にも『中日新聞』の拠点を構えようと『東京中日新聞』の名で1956年にスタート。その後、事業譲渡を受けて『東京新聞』を発行することになったのを機に、名前を『東京中日スポーツ』に改めた、という経緯がある。

野球の推し球団は、当然ながら中日ドラゴンズ。漫画「おれたちゃドラゴンズ」は名物連載。また、他紙との違いを出すために、20年以上前から「クルマのトーチュウ」としてF1を真っ先に取り上げ、以来、F1以外でもクルマの記事が出ない日はないという。サッカーに関しては「365日FC東京」というクラブ情報を連日掲載している。

『報知』の名取記者いわく、『東中』は芸能面ではジャニーズ、宝塚、オスカーの「3点豪華主義」だそうで、この3つに集中的に人を配置して記事を構成しているそうだ。

球団と関係が深い系列紙の場合、読みごたえがあるのはドラフト会議の情報である。2016年のドラフト当日、『東京中日スポーツ』は「1位で投手を取りたいけど、外れたら先に野手を取って、投手が少し落ちても将来性と即戦力を取るかもしれない」との森監督のコメントを載せた。そして高校生投手の今井達也（作新学院）が指名濃厚であると書いた。しかし実際に指名したのは柳裕也（明大）。系列紙の〝予想〟が誤ったのであろうか？

ドラフト翌日に『東京中日スポーツ』に載った裏話が興味深い。

〝前日まで決めていた1位指名は、抜群の速球にホレ込んでいた作新学院の今井。だが、西武の指名情報をキャッチすると翻意した。〟（10月21日）

中日はなぜ指名を変更したのか、という理由がちゃんと書いてあった。野球ファンの方にはドラフト会議前後のスポーツ新聞は全紙読むことをオススメする。

「誰からの情報か」「誰が得をするのか」を考えよう

■「誰が流したのか」で情報の意味は変わる

2015年の9月末、『日刊スポーツ』の一面にデカデカとこんな見出しが躍った。

《原監督 V逸なら解任も》（9月26日・日刊スポーツ）

この時点で、巨人にはまだ逆転で日本シリーズ進出の可能性があっただけに、これは衝撃的な見出しだった。内容を読むと、「2年契約の最終年、球団は正式な続投要請を行っていない」「後任候補には江川氏」とある。

しかし、私はここで「解任」という見出しの表現が気になった。というのも、もともと原監督はこのシーズンで契約切れのはず。もし辞めるとしても、「解任」ではなく単に「退任」という言い方のほうが適切だ。

案の定、そこに言及したのは9月29日付の『日刊ゲンダイ』だった。

〝原監督とつながりが深いスポーツ紙が気持ちを代弁したともっぱら。「解任」とは穏やかじゃない。契約が切れる原監督には当てはまらない言葉。原監督がマスコミを使って続投要請を催促したようなものだ、と受け取っている人がほとんど。〟

当時、私もいろいろな人に聞いてみたが、どうやらこの説は当たっていたらしい。「球団から来季契約の話がこない原サイドが焦れて、仲のいい担当記者に書かせた」という人が多かった。つまりこの記事は、原サイドが「原監督を辞めさせるなんてとんでもない！」という世論を形成させることが目的の「情報戦」だったわけだ。私は原サイドを責めているのではない。むしろこれがスポーツ新聞の醍醐味だと再認識したのである。そして「あの記事ってどういう意味？」と気になる我々読み手の醍醐味も。

■SMAP解散騒動で一歩踏み込んだ表現が目立った『スポニチ』

このように、朝刊スポーツ紙には、球団や事務所の「発表報道」「情報戦」という側面がある。中でも、2016年初頭に持ち上がったSMAPの解散騒動は、「この記事は誰が書かせているのか」そして「どんな世論を形成するのが目的なのか」という情報戦の視点で読み比べをするうえで、まさに超ド級の材料だったと言えるだろう。

まず、騒動の始まりは2016年1月13日、『日刊スポーツ』が**《激震SMAP解散》《キムタク以外独立》**と一面見出しで書いたことだった。同じ朝刊スポーツ紙の『スポーツニッポン』も、最終版で**《SMAP分裂》**という見出しを打った。

するとこの日の午後、ジャニーズ事務所が「たしかに、この件について協議、交渉がなされている事実は存しますす」と正式に認めたのである。黙殺するかと思いきや、事務所のこの「異例の反応」によってさらに騒ぎは大きくなった。

すると、翌日発売の『週刊新潮』がSMAP解散について書いているらしいという報道も流れた。よく、タレントのスキャンダルが週刊誌に載るとわかると、発売前にタレント本人や事務所が前日に会見を開いて、「こちら側の見解」「当事者の弁明」をすることがある。あらかじめ予防線を張るという情報戦を行っているのだ。

つまり今回も、ジャニーズ事務所サイドが『週刊新潮』の記事に対する防衛策として、前日にスポーツ紙を通して「こちら側の見解」を示したのではないか？　ふと、そんな見立てが浮かんだ。

今回の分裂の背景は、かねてから「育ての親だった女性チーフマネジャー飯島氏が、ジャニーズから退社する意思を固めており、これに伴うグループの分裂」だといわれていた。そこで、ジャニーズ事務所が機先を制するための「情報戦」にスポーツ紙を利用した、という見立てで記事を読んでみると、かなり気になる書き方がされていたのだ。特に『スポニチ』。例をあげてみよう。

〝木村は「Jr.時代に引き上げてくれたのはジャニー社長で、そもそもSMAPをつくったのもジャニー社長。給料などあらゆる面で一番の支えはメリー副社長であり、その2人に恩義はあれど何の確執もないのに退社する理由がない。これでは筋が通らない」という考え。〟（1月13日・スポーツニッポン）

なぜかキムタクの〝心情〟にやけに詳しい。『スポニチ』は続けてこう書く。

〝歴史的背景に基づく思いから退社を選ぶ者と、人としての筋道を重視して残る者。〟

これ、ちょっとギョッとする表現ではないだろうか。「人としての筋道を重視して残る者」って、かなり強い表現である。キムタクのことを高評価している、というよりも、他の4人が「人としての筋道を軽視している」ような印象を与える強い言葉だ。

この記事は、誰の立場に立って書かれているのだろう。大見出しには**《SMAP分裂回避の鍵は世界に一つだけの〝絆〟》**とある。もしこの記事が事務所発信のソースで書かれているとしたら、「分裂回避の鍵」と書かれているのは気になるところだ。

そう思いながら翌日のスポーツ紙を見ると、ここでもやはり『スポニチ』の記事が印象に残った。

《SMAP女性マネ 独立クーデター失敗》（1月14日・スポーツニッポン）

「クーデター」「失敗」という強い言葉。さらに脇の見出しには**《中居、稲垣、草彅、香取は〝宙ぶらりん状態〟》**と書かれていた。そして次の部分だ。

〝注目は現在進められている「協議・交渉」内容だ。もはや独立に向けた話し合いは行われていない。女性マネジャーが主導した独立工作はすでに失敗し、後始末についての交渉に入っている。〟

すでに後始末に入っている、という書き方。ただし、落としどころが見えないらしく、「今後の行方が見えない今回の騒動」とある。

■解散報道に込められた事務所からの5つのメッセージ

そして、いよいよ同日発売の『週刊新潮』を読んでみた。見出しは**《辣腕「女性マネージャー」は追放！「国民的アイドル」修復不能の内部対立 4対1に分裂！「SMAP」解散への全内幕》**とある。事務所関係者の話を箇条書きにしてみるとこうだ。

・2015年12月半ば、事はほぼ決し、飯島氏は解雇されることになった

・SMAPも当初は飯島氏と行動を共にして独立すると見られていたが、キムタクだけ事務所に残ることになった

一方で、飯島氏の関係者の話も載っている。「飯島さんはメリーさんから辞めろ辞めろとパワハラを受けたようなもの。追いつめられた」という。それに対する事務所側の言い分は以下の通り。

・今後は勝手にSMAPのブッキングを行わず、事務所に決裁を仰ぐように指示したが、

彼女は仕事のスタイルを守らなかった
・これで協議の内容は一気に彼女とＳＭＡＰの独立問題に転じていった

キムタクの選択に対しては、「メンバーの４人は〝育ての親〟への恩義から義侠心を見せた。しかしキムタクだけは打算で動き、飯島さんやメンバーを裏切った」というレコード会社関係者の証言と、「キムタクこそが大恩ある事務所への義を守った」という事務所関係者の証言との、両論併記の形をとっている。

そして、テレビ局幹部のコメントとして「目下、飯島さんは４人に対し〝茨の道だから、事務所に留まりなさい〟と諭しています。４人も飯島さんにそう言われれば、事務所に恨みがあるわけでもなく、迷い始めた」という発言を紹介している。

年明けから元のサヤに戻るための働きかけが行われているが、そんなことをすれば一人だけスジを通した木村に申し訳が立たないというのがジャニーズ側の考えで、何もなかったように４人を再び受けいれることは難しい、とも記事は伝えている。

ここで思い出したいのが先ほどの『スポニチ』だ。記事の最後にこう書いてあったのだ。

〝事態を打開するのはファンや世間の声かもしれない。〟（1月14日・スポーツニッポン）

私がもっとも注目したのが実はここである。何か感じないだろうか。私の見立てはこうだ。

「事は決している」（＝飯島氏の退社）が、後始末はうまくいっていない。事務所としては一度出て行くと言った4人を許すわけにはいかないが、そうなると事態は動かずに膠着したままだ。

そこで起爆剤になるのが「ファンや世間の声」の存在である。世間から「解散しないで」という熱い声が巻き起これば、それを大義に「それならば」と4人を許す名目が立てられる。そのタイミングで、ちょうど『週刊新潮』が記事を書くと言う。それなら、親しい記者が各紙にいるスポーツ紙にも書いてもらおう、と事務所側は思ったのではないだろうか。

「え、SMAPが分裂？」と世の中を騒然とさせ、事務所発信のソースをもとに、事務所を出て行くと言った4人に厳しい内容を書いてもらう。事務所もあえて沈黙せずに、「たしかに、この件について協議、交渉がなされている事実は存します」とコメントする。

これでいよいよ世間は、「これはゴシップではなく、本当のことなんだ!」と騒ぎ出し、「SMAP解散しないで!」という声が高まるだろう。

同14日の『日刊スポーツ』には、**《去る者追わず、ジャニーズの美学貫く/SMAP解散》**という見出しで、次のような文字が躍った。

〝SMAPとて、ジャニーズ事務所では特別な存在ではなかった。〟

〝今回の独立に向けた動きを、事務所側が「恩をあだで返した」とみても仕方ないことなのかも知れない。〟

ここまで書かれると、もはや事務所の強さしか感じない。ファンはますます「なんとかして」と願うだろう。もし4人を許せば、むしろ事務所の度量の広さが褒められるかもしれない。

今回の報道は一般紙でも大きく報じられ、著名人らが相次いで「解散しないで」と悲痛な思いを語った。ネットでは解散をしないよう呼びかける動きも起きた。案の定、事務所が黙っていても「元通り」にする動きが熱くなっていったわけだ。

つまり、今回の報道には以下の5つの意味があったのではないだろうか。

・事務所を辞めると言った4人に、事の重大さを痛感させる
・世論の声（「解散しないで！」）を知らしめる
・4人にはしばらく恥をかいてもらう
・ミソギの期間を経てまた元のサヤに収まる。事務所側としてもメンツが立つ
・他のタレントに「事務所を敵に回す怖さ」も示すことができる

そう考えると、スポーツ紙の「キムタク以外の4人」に対する論調のキツさにも納得がいく。スポーツ紙の芸能担当は、イコール事務所担当である。事務所寄りの書き方になるのは必然かもしれない。

ただし、騒動が収束しているならば、4人を戻す戻さないも事務所の判断ひとつのはず。ところが今回は、4人を戻したほうがいいのかどうか、事務所側が世論の反応をうかがっているフシも見えた。いわばマスコミを使って「観測気球」を打ち上げた形と言えるだろう。

■世間の反発を予想できなかった「芸能界の常識」の異常さ

さて、実はここまでが、1月14日時点での私の見立てだった（自分のメルマガに同時進行で書いていた）。しかしその翌週、現実は私の見立て以上にグロテスクな展開を見せることになる。

そう、1月18日（月）に、『SMAP×SMAP』（フジテレビ系）であの〝生放送謝罪〟が行われたのである。

たしかに私は、14日の時点で、今回の解散騒動に5つの意味があると感じ、最終的には解散回避となって元のサヤに収まると予想した。しかし、5つのうち「4人にはしばらく恥をかいてもらう」という点だけは、予想を大きく超えていたのだ。

私が思っていたのは、独立しようとした木村以外の4人が、スポーツ紙でしばらくの間悪く書かれることが続く、という程度のものだった。そもそも今回の騒動は、いわば「4人が悪かった」という世間へのキャンペーン。「恥をかいてもらう」とは、この状態を事務所はしばらく放置するという意味だと思っていたのだ。

しかし、現実はそれ以上だった。『スマスマ』での生放送謝罪は、『東スポ』が**《公開処**

刑》という見出しを打つほどのインパクトを与えた。木村拓哉が中央で仕切っていただけでも大変なメッセージだが、残り4人は顔面蒼白。しかも、キムタクだけが白のネクタイだったという、いかにも野次馬が喜びそうなネタも仕込んでいる。

14日の時点では、「4人を許せば、むしろ事務所の度量が褒められるかもしれない」と思っていた私だが、あの生放送を見た瞬間、「これは裏目に出るのではないか？」と思った。ひと言で言うと「やりすぎ」ということだ。

もしあの放送で、解散を否定しつつ、騒動を謝罪しつつ、しかし明るい未来を感じさせる大団円の雰囲気を出していたら、たしかに〝一件落着〟感があったと思う。事務所の度量の広さも認められただろう。

にもかかわらず、ああいう内容を放送してしまったということからわかるのは、ジャニーズ事務所がスポーツ紙やテレビといった〝既存のメディア〟の力しか信じていないという事実である。事務所側は、テレビで謝罪させることで4人に罰を与えたと思ったのだろうが、今はおかしなことがあれば誰もがすぐにSNSで発信できる時代だ。ネットという〝事務所にはコントロールできないメディア〟がある現実を、事務所側はわかっていないんだろうなあ、と痛感したのだ。

たしかに翌日、事務所側が信じている〝既存のメディア〟は、「解散せずによかった」という論調一色だった。

《SMAP存続表明 ただ前を見て進みたい》（スポーツニッポン）
《SMAP存続 ファンの勝利》（東京中日スポーツ）
《5人で存続宣言 SMAP「ただ前を見て」》（サンケイスポーツ）
《空中分解回避 SMAP 5人出演「ジャニーさんに謝った」》（日刊スポーツ）
《存続決定 覚悟の生謝罪 SMAP自粛も》（スポーツ報知）
《木村くんのおかげ SMAP生謝罪》（デイリースポーツ）

これにテレビのワイドショー報道を加えれば「よかった、よかった」だろう。

しかし、一方で『スマスマ』放送直後には、驚いた人々がツイッターなどのSNSで一斉に感想をつぶやき、サーバーがダウンするほど多くの見解が表明された。それにより、ジャニーズが大事にしてきた〝世論〟は、「まるで見せしめ」「あそこまでやる必要はあったのか」「事務所のふるまいは何様だ」といった論調へと転向していく。事務所の度量の広さを見せるはずのセレモニーが、一転して事務所への反発を招く結果になってしまったのである。

世界の辺境を旅するノンフィクション作家の高野秀行氏と対談したとき、高野さんはこう語っていた。

「いちばんヤバいときっていうのは、カメラが回せないときなんですよ」

「舞台裏が圧倒的におもしろい。そこにリアルな世界がある。僕はその舞台裏がおもしろいんで、そこをすべて書いちゃうわけですよね」

たしかにそうだ。本当のトラブルのときカメラは回せない。我々がふだんテレビで見ているのは〝安心・安全〟に編集されたものだ。しかし、カメラの回せない舞台裏が圧倒的におもしろいからこそ、高野氏はそれをノンフィクションとして全部書く。ふだんスポットライトが当たった〝舞台の中央〟だけを見ているから、高野氏の作品はおもしろいのだ。

それを聞いて、私はハッとした。あの『スマスマ』の謝罪放送を見て我々視聴者が感じた違和感の正体。それは、本来ならどう考えても事務所や関係者といった身内に見せるためのもの、つまり映してはいけない〝舞台裏〟であるはずのものを、堂々と放送してしまったグロテスクさだろう。高野氏の言葉を借りれば、「いちばんヤバいところをカメラが回してしまった」のだ。

だからこそ、世間の人々はびっくりし、その違和感を多くの人がＳＮＳで発信して大きなうねりになった。しかし、その違和感や反発を事務所側が想定できていなかったということが、私にはなおさら衝撃だった。あの形式をベストだと判断した、時代感覚のなさに驚いたのだ。

私はこの一連の騒動を見て、「アラブの春」を思い出していた。２０１０年から２０１２年にかけて、アラブ世界で次々と起きた大規模な反政府デモと騒乱である。あのとき、絶対王政や独裁が続く中東で、もう政治体制は変わらないだろうと思われた中、民衆のＳＮＳでの情報発信が何よりの力となって、巨大なモノがどんどん崩れていった。ちょっとそれを思い出したのだ。

ＳＭＡＰ解散報道とアラブの春を比べるなんて大げさと言われるかもしれないが、報道と世の中の声がかい離しているという点では、画期的な「事件」であった。

■「ずぶずぶの関係」だからこそ浮かび上がる本音

ここまで読んで、私が今回のジャニーズ事務所のふるまいに対して怒っていると思う読者もいるかもしれない。だが、私はあくまで『スマスマ』での謝罪放送のやり方のずさんさに驚いているだけで、「ヘタ打ったな」ぐらいの感想だ。

なぜなら、「芸能界なんてしょせんカタギではない」と思う自分もいるからだ。もともと世間とはまったく価値観が違う人たちが、今の芸能界を作り上げた。ジャニーさんたちなんてまさにそうだろう。何かを捨てなければ、あれだけきらびやかな世界にい続けるのは無理。その「何か」とは、平凡で幸せな私生活かもしれないし、世間の常識かもしれないし、まっとうな労働形態かもしれない。

私生活すら犠牲にしても人前で何かをやりたい、忙しければ忙しいほど嬉しいというカタギでない人の集まりが芸能界だ。それを、一般社会の価値観で「ジャニーズはブラック企業だ」「奴隷社会だ」「独立の自由はないのか」と批判したところで、なかなか本丸には届かない。

「意識が高い」人たちが聞けば卒倒するような世界だろう。だが、芸能界はある種の任侠道にも通じるところがある。そもそも、今回のSMAP解散騒動でメリー副社長が怒った原因というのも、「詫びを入れるのが遅い」という理由なのだ。

それについては、『週刊新潮』（2016年1月28日号）が、メリー副社長に質問した

「回答」を読むとよくわかる。

記事によれば、中居君たちのジャニーズ独立後の受け皿として、タモリさんらが所属する田辺エージェンシーが候補に挙がっていた。しかし田辺の社長はSMAPはやはり解散してはいけないと思い、「4人を元に戻してくれないか」とメリー副社長に打診したという。これが2015年末のできごと。

田辺の社長は、中居君に「事務所にも木村拓哉にも挨拶に行きなさい」と言ったという。しかし年明け一週間経っても中居君らが挨拶にこない。結果、メリー氏が激怒したというのが、今回のゴタゴタの真相だというのだ。

つまり、メリー氏の言い分は「挨拶にこない、スジを通していない」の一点に尽きるわけだ。見事な任侠の世界だが、しかし芸能界ではまだまだたしかな価値観なのである。

これについても、スポーツ紙を読むことでおもしろいことがわかる。**《SMAP騒動長期化のワケ メリー副社長に謝罪なし「早く行っていれば」》**（2016年1月18日・スポーツニッポン）にはこうある。

〝なぜ早く会いに行かないのか——この理由にこそ、今回の騒動の根本的な原因がある。〟

あっ！　と思わないだろうか。『スポニチ』は、『週刊新潮』でメリー副社長が実際に言ったこととまったく同じことを書いている。そして最後に、「そのためには一刻も早くメリー副社長に直接謝罪するしかない。それがグループ存続への一歩になる」と書いて締めているのだ。

どうやら『スポニチ』は、単に事務所サイドと距離が近いというだけでなく、メリー副社長サイドの直接の言い分が聞けるくらい、かなり距離の近い人がいるということがここから読み取れるのである。

『スマスマ』謝罪放送の翌日には、コラム「記者の目」に「救いは〝親〟が〝子〟のために身を引いたこと」（2016年1月19日・スポーツニッポン）という記事が載った。

〝情報が錯綜した中、水面下の独立劇という不透明な動向を浮き彫りにしていくのに、泰然自若とした木村さんと、さまざまな動きを見せた中居さんという、対照的な2人は大きな軸となった。（略）取材で分かったいくつもの「事実」が組み合わさってきた。〟

ここで言う「取材」「事実」とは、おそらく事務所関係者の言い分を〝そのまま書く〟ことなのだと思う。それに対して、「スポーツ紙はジャニーズの提灯持ちか」「芸能マスコミは死んだ」といった批判をすることもできるだろう。

しかし、と私は思うのだ。マスコミ側は気付いていなくても、ずぶずぶの関係性だからこそ、思わず本当のことが書かれている、ということがスポーツ紙にはある。だったら、それを楽しめばいいというのが私の立場だ。この記事は誰が得をするのか、誰が書かせているのか、と想像して読んだほうが、かえって「真実らしきもの」「マスコミの実態」が匂ってくるのである。

■解散決定後の『日刊スポーツ』と『スポニチ』の火消し合戦

スポーツ紙各紙と事務所の距離の近さは、その後の8月14日にとうとう発表された「SMAP解散決定」を受けての各紙の報道を見てもよくわかる。スポーツ紙6紙を読み比べて、まず共通して書いてあるのが以下の事項だ。

・メンバーから解散の申し入れがあったのは今月10日。翌11日の役員協議を経て解散が決まった

・6月以降にジャニー喜多川社長とメンバー5人が面談を重ねた
この2点については、解散が決まってから、ジャニーズ事務所が各紙の担当者を集めて「事実」を説明したのだろう。

もうひとつ興味深いキーワードが、「関係者の言葉」として載せられた「香取慎吾の虚脱感」についての記述だ。

〝香取のグループに対する虚脱感が大きく、グループ活動を続ける意義を見つけられなくなった〟（サンケイスポーツ）

〝嫌がったというより、虚脱感の方が大きかった。やりきったという感じの方が大きかった〟（スポーツ報知）

〝面談の場で香取慎吾（39）の虚脱感が大きかったとし、「もうやり切ったという感じだった。（他のメンバーへの）文句を言うことはなかった」〟（スポーツニッポン）

この3紙のコメントは、ジャニーズ事務所の広報の言葉ではないかと思われる。というのも、「虚脱感」「やり切った」と聞くと、「ケンカ別れした」「溝があった」というよりニュアンスが柔らかくなるからだ。あくまで香取慎吾はSMAPを「やり切った」から解散したいんだという、事務所広報としてのフォローの姿勢が見える。

特に『スポニチ』は丁寧に、香取慎吾は他のメンバーに対して「文句を言うことはなかった」とわざわざ追加している。穏便に済ませたいという意図が行間から見える。

しかし1紙だけ、『日刊スポーツ』だけは香取慎吾の状況について少し違う書き方をしているのである。

〝関係者によると特に、以前からI氏を人一倍慕っていた香取は、分裂騒動以降木村との溝が深く、解散希望の意思が固かったという。〟

ここで言うI氏とは、もちろん飯島氏のこと。こうして見ると『日刊スポーツ』は、事務所広報とは別のルートで「事務所の中の人」を確保していることが想像できるのだ。

実は、今回の報道では『日刊スポーツ』の報道がとても重要だった。解散発表の翌日、8月15日の『日刊スポーツ』(WEB版でも確認できる)に、**《SMAP解散の真相》**という特集記事が載る。ここに、当初は「休業」だったはずが「解散」に急変した10日の話し合いについて、以下のように書かれているのだ。

〝メンバー間の溝が埋まらない中、ジャニーズ事務所が来年以降のグループ活動休止という結論を出したのは先月下旬だった。今月に入って木村、稲垣、草なぎ、香取の4人は、休業案をいったんは受け入れた。事務所はテレビ局上層部やスポンサーなどに「年内の活動をもって、しばらく休業します」と、内々に報告も済ませた。しかし、スケジュールの都合で、中居には最終的な意思確認ができていなかった。〟

これによると、中居君の気持ちを確認するために8月10日に話し合いが招集されたことがわかる。だが、私が「あっ！」と思ったのは次の部分だ。

〝まとめ役である中居の気持ちを知ることは、グループとしての最終的な意思確認でもあるため、今月10日に他メンバーも集まることになった。しかしその場に木村の姿はなかった。今月に入って休暇を取り、家族を伴ってメリー喜多川副社長（89）らとハワイに長期滞在していた。木村は既にその時点で休業案を受け入れており、駆けつける必要がないと

判断したとみられる。〞

話し合いの席にキムタクはいなかった、しかもメリー喜多川副社長らとハワイに長期滞在していたという。幹部との距離の近さが読み取れる行間だが、この日の時点でこの事実を書いていたのは『日刊スポーツ』だけだったのだ。行間を読むと「キムタクがハワイに行ってる情報を知って〝今が解散を決めるチャンス〞と他のメンバーが会議を招集したのでは？」という下世話な想像もできる。

しかし、私が本当に驚いたのはここからである。翌日の『スポニチ』に、**《メリー副社長ハワイ入り》**（2016年8月16日・スポーツニッポン）という記事がさり気なく載ったのだ。

『スポニチ』だけ読んでいる人にはどうってことない記事だ。むしろ「メリー副社長のハワイ情報なんかどうでもいいよ」と思ってしまうだろう。だが、前日の『日刊スポーツ』で、「8月10日の時点でキムタクが副社長らとハワイにいた」という記事を見ていた人はギョッとするのではないか。

『スポニチ』はこう説明する。

〝ジャニーズ事務所のメリー喜多川副社長（89）が、11日にSMAP解散が正式に決定した後、休暇のためハワイ入りしていたことが15日、分かった。〟

〝一方、木村拓哉（43）は今月初めにハワイ入り。家族とバカンスを過ごすことが目的で、メリー副社長らとは合流していない。〟

どうだろう、この記事の読みどころがわかっていただけるだろうか。

「11日にSMAP解散が正式に決定した後、休暇のためハワイ入りしていた」という丁寧すぎる説明。さらに、キムタクは「メリー副社長らとは合流していない」という追い打ち。なぜ、そんなことをわざわざ書かなければならないのか。誰も聞いていないのに。

つまり、この記事は明らかに『日刊スポーツ』の〝火消し〟なのだ。前日の『日刊スポーツ』の「キムタクはハワイで幹部とバカンス中だった」というのは、解散報道の中では非常にイメージが悪くなる。「キムタクはやっぱり幹部とずぶずぶなんだ」と想像させてしまう。なので「誰か」が『スポニチ』を使ってさっそく火消しをさせたのではないか？

そもそも新聞各紙によって、副社長がハワイにいる「時間」が異なっている、という異常さを想像してみてほしい。もうこうなると、スポーツ新聞に載っているSMAP情報には、「事実」ではなく「書いてほしいこと」が紛れ込んでいることは明らかだ。

このあと「副社長がハワイにいた時間」についてふれた他媒体も調べてみた。


〝10日の場に木村がいなかったのは、工藤静香や子どもたちとハワイに家族旅行をしていたからだ。そしてジャニーズ事務所が解散を広報すべく動き出したと同時に、メリー喜多川副社長と藤島ジュリー景子副社長は、「プライベートジェットでハワイに旅立った」（フジテレビ関係者）という。〟（8月25日号・週刊新潮）

〝木村・工藤一家がハワイ滞在中、メリー、ジュリー親子もハワイにいたと言われている。〟（8月24日・東京スポーツ）

各紙（誌）バラバラである。これぞミステリー。

もし「8月10日」にキムタクと副社長がハワイに一緒に「いなかった」とすると、なおさら『スポニチ』の「訂正報道」の細かさがきわだつ。

なお、『スポニチ』の記事には、木村以外のメンバーが10日に解散を申し入れたことに関して、最後にこう書いてある。

〝関係者は「グループ存続を願っていた木村と方向性が違うということもあって、そのタイミングで申し出たのではないか」と話している。〟

ついに「メリー副社長」もしくは「側近」が、『スポニチ』に本音を語っている。

これは、事務所と密接なルートを持つ朝刊スポーツ紙各紙を読み比べたからこそわかる結果である。事件や騒動の当事者たちが、どんな情報戦を仕掛けているかをウォッチするなら、断然、朝刊スポーツ新聞を読むに限る。

だから、スポーツ新聞はやめられないのだ。

■SMAP読み比べで思ったこと

『この世界の片隅に』（片渕須直監督）というアニメ映画が2016年11月に公開され、ヒットした。

この映画で主役「すず」の声優をつとめたのは「のん」であった。能年玲奈から改名したあの女優だ。待ちに待った主演作。

ここで言う「待ちに待った」というのは、のんの現状にとってはリアルな言葉である。というのもこの数年、いろんな記事を目にしたからだ。

「洗脳されていて事務所の言うことを聞かない」という記事が出たかと思えば「いや、事務所に干されているのだ」という記事も出た。両極端な報道をされたのはみなさんもご存じの通り。そして「のん」への改名。本名を捨てる、という選択。

どういう事情があるか私は知らない。ひとつだけ言えることはＮＨＫ朝ドラ『あまちゃん』にあれだけ毎日楽しい時間をもらった私は、能年玲奈のことは忘れていないということだ。事情はどうあれ「のん」がまた表舞台に立てばそれでいい。

『この世界の片隅に』はもともとクラウドファンディングで資金を集めた。公開後も「この映画は素晴らしい」「のん、頑張れ」というＳＮＳを中心とした熱い声に支えられ、多くの人に届いた。上映規模が大きくない代わりに、民間の応援という意味でのクラウドファンディングは公開後も続いたのだ。そこに「事務所主導」はない。これは新しい芸能界の形かもしれない。

新しい芸能界の始まりと古い芸能界のきしみ。

この章で書いてきたことをもう一度思い返したい。２０１６年早々に起きた「ＳＭＡＰ

の解散報道」。事務所主導の情報戦がスポーツ紙で行われた。今までだったら、それで済んでいた話だ。

しかし「これは……」と思ったのが、スポーツ紙報道と世論の温度差だった。読み比べれば読み比べるほど。

「キムタク以外は悪役」という報道が多くされるにつれ、「それはおかしいのでは？」という声がＳＮＳで叫ばれた。そのピークはあの「生放送謝罪」。「公開処刑だ」「おかしい」という声が一斉に民間から発信された。

つまり、「ザ・芸能界」の慣習やルールが世の中的には通じなくなってきたのが２０１６年なのかもしれない。

私は先の項で、「芸能界なんてしょせんカタギではない」「もともと世間とはまったく価値観が違う人たちが、今の芸能界を作り上げた」「芸能界はある種の任侠道にも通じるところがある」と書いた。一般世間の声は「なかなか本丸には届かない」とも。

しかし、そんな「ザ・芸能界」も何か潮目が変わりつつあると最近薄々感じる。

ＳＭＡＰの解散報道の「芸能界の思惑」が世の中に見透かされ、その一方で、大手事務所から独立した能年玲奈（のん）がいい仕事をすれば、一般の応援や後押しでさらに映画がヒットする。

ピコ太郎のブレイクも芸能界のしがらみに関係のないネット発信からだった。ピコ太郎に関しては「海外の大物アーティストがいいね！　と言っている」という「もっとデカい権威」には、日本の芸能界は何もかなわないという皮肉でもある。

「のん」のSNSクラウドファンディングとでも呼ぶべき、口コミ応援は無視したくてもできないヒットとなった。

今までの「ザ・芸能界」のルールに対し、「民間」からのツッコミが届くようになってきた。何かの終わりで何かの始まり。もしかしたら、時代の変わり目を体験しているのかもしれない。

読み比べをすればするほどそう感じたのである。

第4章 夕刊紙・タブロイド紙は「匂わせた行間」を読め

玉石混淆の中に真実の宝が眠っている

■行間を読む〝受け身の取り方〟が求められる夕刊紙・タブロイド紙

新聞の社説や政治欄、スポーツ紙、タブロイド紙、週刊誌など、おじさんたちが好んで読むものをまとめて、私は「オヤジジジャーナル」と呼んでいる。そこで何が報じられているのか、「オヤジジジャーナル」ウォッチは必要である。

情報力が高いと自負する人たちにとって、「オヤジジジャーナル」は旧態依然の象徴であり、軽視する人も多いだろう。だが、オヤジが発信してオヤジが受信するこのシステムはいまだ世の中心であり、これがマスコミの正体なのかもしれないのだ。世に大人（オヤジ）がいる限り、「オヤジジジャーナル」はなくならない。だとしたら、それをウォッチすることこそが、世の中を知るということなのではないか。

「オヤジジジャーナル」の特徴は、「辛口で、上から目線で、でも下世話」なところだ。世の中を憂いながら、次のページでは風俗店の特集をしている。これを嘲笑するのは簡単だが、矛盾を抱える姿こそが人間であり、これを認めないと味わいがなくなってしまう。人間は、白か黒かだけでは割り切れない。自分にも他人にもグレーゾーンがあることを自覚することから、すべては始まる。

そんな「オヤジジャーナル」の中でも、とりわけ下世話なのが「夕刊紙・タブロイド紙」といわれるメディアだ。『東京スポーツ』『日刊ゲンダイ』『夕刊フジ』が代表選手である。その最大の特徴は、「玉石混淆」であることに尽きる。

朝刊紙（スポーツ紙含む）の場合、憶測や噂を報道することは許されないが、夕刊紙ではそれをどう扱うかが腕の見せどころになっている。

ホントのことはズバリ書けないとか、まだ裏付けが取れないからぼかして書くしかないとか、いろいろな理由によって、わざと思わせぶりな書き方をするときがある。断定はできなくても、「匂わせる」ことで書けることは積極的に書いてしまうのだ。読者には、「行間を読む」という受け身の取り方が求められる。

もちろん、ただの憶測であったり、バッシングだったりする記事もあるが、その中に、あとから振り返ってみるととんでもない「真実の宝」が落ちていたりするからおもしろい。ああ、ぼんやり「匂わせて」いたあの記事は、このことを言っていたのか、とわかることも多いのだ。たとえば有名人の覚せい剤疑惑の記事がそうだ。イニシャルでぼかしたり、わかる人にはわかる書き方をして「いいところまで」見せてくれる。

スカパー！の『ニュースザップ』という番組で、中国の情勢に詳しいジャーナリストの福島香織氏は、「情報統制に厳しい中国だからこそ、香港のゴシップ紙などの情報は馬鹿にできない」と述べていた。

そもそも中国の公式マスコミは宣伝機関であり、美化ばかりで海外のジャーナリストが本当に知りたいことは書いてくれない。そこで、外から中国の情報を知りたい人は、まず香港あたりで発行されているタブロイド紙や実話系の怪しい雑誌をチェックするという。「何割がホントで何割がウソかはわからない。だけど、とりあえず頭に入れておく」のだという。

ゴシップ紙だから裏付けが取れていない記事ばかりだが、時間が経ったあと、「あのとき公式発表はウソをついていたが、ゴシップ紙の噂のほうがホントだったな」という例がいくつもあったという。中央でしゃべれないことを誰かがそっちへ流すのだろう。

この話を聞いて、これって私の『東スポ』や『日刊ゲンダイ』に対する態度とまったく同じじゃないか、と気付いたのである。タブロイド紙だからといってすぐに否定しない。

あるものは読む。一般紙ではとうてい書けない話を、夕刊紙やタブロイド紙では書いている可能性があるからだ。その時点で裏付けは不確かでも、そこにとんでもないスクープが潜んでいる場合もある。だからこそ、読者の「受け身の取り方」が問われる。盲信してしまうのも、全否定してしまうのもつまらない。何を信じて、何を心の中で遊ばせておくか。

夕刊紙・タブロイド紙は、「匂わせた行間」の中に隠された真実を読み取ることが醍醐味なのである。

『東京スポーツ』の強みは〝匂わせ芸〟

■わかる人にはわかるように〝匂わせて〟書いてくれる

6紙ある朝刊スポーツ紙とは違い、唯一夕方に発行される「夕刊紙」に分類される異色の存在が『東京スポーツ』である。地方に行くと『中京スポーツ』『大阪スポーツ』『九州スポーツ』と名前が変わるが、発行しているのは同じ東京スポーツ新聞社だ。

かつてはプロレス報道に力を入れていた時期もあったが、90年代前半にはマドンナやマイケル・ジャクソン、フセイン大統領をゴシップネタとしていじり出したり、UFOや人面魚をネタにするなど、独自路線を歩むようになった。湾岸戦争時における**《フセインインキン大作戦》**（1990年11月23日）という見出しは不朽の名作だ。そのせいか、すべてがネタ扱いされて「ソースは東スポ（笑）」と揶揄されることも多い。

しかし、前述の『スポーツゴジラ』によれば、夕刊紙だからこその粘り強い独自の取材力を、他紙からは評価されている。『デイリースポーツ』の松森氏は次のように語る。

〝取材力はけっこうあると思います。しつこいですよね。囲み取材なんかでもわれわれが話を聞いて解散したあとに、もう一回取材してるんです。半日遅れて新聞出ますから、朝刊と同じこと書けない。そんなしつこい取材は印象的です。〟

『スポニチ』の藤山記者が、いみじくも「いい加減な記事というのは、すべてを知らないとなかなか書けないいんです」と評しているように、私はここに『東スポ』のアホなふりを実感してしまう。

その最たる例が、〝CHAGE and ASKA〟のASKAによる薬物中毒報道だ。このスクープに関しては、『週刊文春』の手柄だと思っている人が多いだろう。

たしかに、**《シャブ&飛鳥の衝撃 飛鳥涼は「覚せい剤吸引ビデオ」で暴力団に脅されていた!》**(2013年8月8日号・週刊文春)と実名を挙げて大々的に報じたのは『文春』である。

しかし、その1週間前に**《スクープ!! 超大物シンガー 薬物中毒 吸引ビデオで闇社会から脅迫も》**(2013年7月24日・東京スポーツ)と一面見出しでド派手に報じたのは、実は『東スポ』だったのだ。

この時点では名前を伏せて、「ミリオンヒット連発 ソロでも活動」と表現。さらに「イニシャル」や、該当人物らしき「シルエット」など、「わかる人にはわかる」書き方で、読者の想像力に訴えるつくりになっていた。プロレス報道で名を売った『東スポ』だからこそできる思わせぶりな記事である。

ジャーナリズムの観点からいけば、裏付けを取って実名を出した『文春』と、名前を出さずに報じた『東スポ』の間には大きな差がある。しかし読者からすれば「そういう噂があるのか。一面でデカデカとやるということは丸っきりガセではないだろう。では今後どうなるのだろう」と思う。そう、『東スポ』は新聞なのに半信半疑を楽しめるのだ。

『文春』は、たしかな裏付けを取るために慎重に動いていたはずだが、『東スポ』のこの匿名報道を見て焦ったに違いない。事実、『文春』でこのネタを追っていた中村竜太郎氏は著書でこう書いている。

〝そうこうするうち、2013年7月、なんと東京スポーツが、Xという匿名で「大物歌手麻薬疑惑・逮捕秒読み」と報じたのだ。やばい、抜かれる……。私は、顔面蒼白となった。東京スポーツが報じたのは間違いなくASKAのことだった。Xと匿名で報じているため、一般読者には誰のことだかわからない。よくある飛ばし記事と思われたかもしれない。

しかし私は焦った。ASKAの薬物疑惑の噂はすでに大きく広がっている。蛇の道は蛇で、この記事をきっかけに動き出すメディアもいるかもしれない。〟（『スクープ！』文藝春秋）

結果的に、文春の裏取りを加速&加熱させ、翌週の実名報道へとつなげたと言えるだろう。

このように、スクープ報道をめぐっては、『東スポ』が飛ばし気味に匂わせたことをきつかけに、『文春』が裏取りを加速させて実名報道へつながったり、そのスクープをまた『東スポ』が「文春によると……」と報じたりといったことがしばしば行われる。これを私は、〝東スポと文春の最強バケツリレー〟と呼んでいる。

『東スポ』は他にも、2015年10月1日に**《大物芸能人「薬物逮捕」へ！ 極秘内偵リスト入手》**と一面で報じて、「有名俳優Y」「肉体派系タレントX」「大物俳優Z」らが捜査当局にマークされていることを報じた。もちろん影絵付きである。この4か月後に清原が逮捕された日に「肉体派系タレントXは清原だった」と紙面でさっそく告白していた。

『東スポ』だからと一笑に付すのではなく、心の隅にストックしておくと、のちのち「ああ、このことだったのか！」と点と点がつながることもあるのだ。私は中学生の頃から『東スポ』を読んでいて、その実感から言わせてもらえば「ソースは東スポ（笑）」と馬鹿にする人ほど『東スポ』を読んでいない。「それこそあなたたちがいつも言う〝裏付け〟を取ってないからマズいのでは？」とも言ってみたくなる。

『東スポ』をすべて信用しろとは言わない。これは？ と紙面を前にしばらく考える瞬間が好きなのだ。まず読んでみる。信じるか信じないかは自分次第。これぞ夕刊紙・タブロイド紙の醍醐味と言えよう。

ここ数年読んでいて感じることは、『東スポ』はUFOや人面魚という「未知」を一面にしていた時期から、最近は「次の薬物逮捕は誰か」というような、事件やスキャンダルに関しての「シリアスな未知」にシフトしている。同じ野次馬でも読者の欲望が変化している証拠だと思う。

野球賭博報道に〝匂わせ芸〟の真骨頂を見た

■「A氏とつながりのある超大物OB」とは誰か

ここ数年の夕刊紙・タブロイド紙の「匂わせ芸」の中でも、個人的にその真骨頂を見せてもらったと感心したのが、2015年秋に起きた、巨人の福田聡志投手を発端とする野球賭博騒動のときだ。当時、報道の焦点は、その福田投手に野球賭博を持ちかけたとされる〝税理士法人勤務のA氏〟の正体は誰なのかに移っていた。もしもA氏が暴力団とでもつながっていたら、話はいっそう深刻になるからだ。

やがて、そこに追い打ちをかけるように、『東京スポーツ』が**《野球賭博胴元A氏 背後に超大物OB》**（10月9日）、『日刊ゲンダイ』が**《大物OBに飛び火》**（10月8日）という見出しを打つ。

〝A氏は名古屋地区などでプロ野球界の超大物OBと数年前までビジネス上で深い付き合いのあった人物〟（東京スポーツ）

〝ここにきて名古屋に縁の深い球界の大物OBの名前が関係者の間でにわかに注目を集めています。『A』がそのOBの元マネージャー〟（日刊ゲンダイ）

こうなると読者の興味は、俄然「名古屋の超大物OBって誰？」ということになる。プロ野球ファンであれば、まず頭に浮かぶのは立浪和義だろう。

立浪氏をご存じない方に説明すると、PL学園時代に甲子園でも活躍し、中日に入団するや高卒ルーキーとして即開幕試合に出場した選手。これは王貞治以来の歴史的なデビューだった。その後も順調にスター街道を歩み、2000本安打を放って押しも押されもせぬミスタードラゴンズとなる。まだ40代でルックスもよく、まさに「名古屋の超大物OB」である。

しかし、これほどのスーパースターが、なぜかいっこうに中日の監督に就任できずにいることは、長らく「中日の謎」とされてきた。そしてここ数年、立浪が中日の監督候補として名前が挙がるたびに、『東スポ』『夕刊フジ』『日刊ゲンダイ』の〝オヤジジャーナル〟各紙は、「中日の白井文吾オーナーが立浪を嫌っているから、それはない」と報じてきたのだ。

実は、ここに今回の報道の「点と線」が見えてくる。

なぜ中日のオーナーが立浪を避けているかといえば、「交際範囲の広さ」「タレントとの不倫疑惑」が原因であるとオヤジジャーナルでは書かれてきた。そこに今回の野球賭博報道である。巨人の福田投手を賭博に誘ったA氏は立浪と知り合いで、その交際範囲の広さが証明されたことになる。

とはいえ、A氏と知り合いだとされる「超大物OB」が立浪のことだったとしても、単に知り合いというだけで、立浪が今回の野球賭博に関わっているわけではない。だから報道する側としては、下手に「立浪」という実名を大っぴらには書けない。しかし、「A氏とつながっている超大物OBとは誰だ？」という下世話な記事は、読者の野次馬根性をくすぐる。そこで、夕刊紙・タブロイド紙が取った手段というのが、見事な「匂わせ芸」であった。

■巧妙に立浪を〝匂わせる〟各紙の見事な紙面構成

野球賭博報道が真っ盛りだった2015年10月8日に名球会イベントが開催され、そこに立浪和義も参加した。マスコミはこぞって取材をし、立浪に野球賭博の報道について感想を求めたのである。

まず『東スポ』は、一面で野球賭博のことを大きく取り上げ、その片隅に**《名球会 東尾修、立浪和義、佐々木主浩の3氏が苦言》**（10月10日）という記事を載せた。

〝そういうことは野球界にとってマイナスのイメージになる。僕は詳しいことはわからないけど、早く解決してもらえればいいと思います（立浪和義）〟

ああ、『東スポ』の意地悪。A氏と知り合いかもしれないと別の紙面で匂わせている立浪のコメントをわざわざ載せているのだ。絶妙な配球を見ているようで、たまらない行間である。

一方、『日刊ゲンダイ』は、「名球会のイベントで野球賭博についてコメントする東尾、立浪の両氏」という写真を載せた（10月10日）。このイベントには王貞治、山本浩二という大物も出席していたにもかかわらず、『ゲンダイ』は過去に賭け麻雀で謹慎した「実績」のある東尾と、今回A氏との関係が噂される立浪の両氏の写真〝だけを〟わざわざ載せたのだ。

ああ、『ゲンダイ』の意地悪。その意図がわかっている読者は、この記事のつくりだけでニヤリとさせられた。

さらにすごかったのが『夕刊フジ』だ。紙面の左半分に名球会イベントの記事を載せ、真ん中にイベントに参加した7人の写真を掲載。そして、右半分を**《キーパーソンの1人とされる球界大物OBを直撃》**という記事に割いていた。

この7人の写真のいちばん右端に写っていたのが立浪である。紙面がどのようなレイアウトになっているか想像してみてほしい。そう、「キーパーソンの1人とされる球界大物OBを直撃」という見出しのちょうど下に、立浪の写真がずばり配置される仕組みになっ

夕刊フジ
巨人賭博
全容解明キーパーソン
球界大物OBを直撃
名球会危機感
名球会ベースボールフェスティバル
来年1月イベント
ONコンビ競演案
佐々木氏
柴田氏
王氏
山本氏
東尾氏
立浪氏
「A氏を運転手として雇ったことない」
「僕がどうのこうの言われても困る」

ていたのだ。まるで「ここに正解があります」と言わんばかり。ああ、『夕刊フジ』の意地悪。

各紙の行間の読ませ方は、さながら「クイズ・立浪を探せ!」といった趣。「A氏と知り合いの超大物OBは誰だ」という大喜利に、各紙がチャレンジしたかのようだ。この仕掛けこそ、まさに大きなお世話と意地悪が炸裂する〝オヤジジャーナルの結晶〟と呼ぶべきものだろう。

こうなってくると、最大の注目ポイントは、「A氏と知り合いの超大物OB」つまり立浪の名前を、どこが紙面でいちばん先に書くのかだ。やってくれたのは、『東スポ』だった。

《立浪氏 激白大反論 野球賭博報道に!!》(10月16日・東京スポーツ)

なんと立浪本人に直撃インタビューし、裏一面を使って大々的に報道したのである。しかも、このインタビューの流れが見事すぎるのだ。

「本紙の野球賭博報道に関して、ちょっと物申したいことがあると」と問いかける記者に対して、「ちょっとどころじゃないですよ。中京スポーツ（東スポ）は僕の足を引っ張ろうとしているんですか」と立浪氏が答えるところからインタビューは始まる。

すぐに記者は、「そんなつもりはない。私（記者）はむしろ、ドラゴンズを盛り上げてもらうためにも将来、ぜひ立浪さんに監督になってもらいたいと思っている」と言うのである。まるでボクシングの序盤の探り合いのようだ。

これに対して立浪は、「あんな記事書いといてよく言うね（笑い）。ああやって（名古屋で球界ＯＢが……などと）書かれるとみんなが僕のことだと思うじゃないですか。本当に迷惑なんですよ。僕は全く関係ありませんから」と答える。

立浪にさんざんしゃべらせておいて、ここで記者が突然切り込む。

〝――なるほど。では、お伺いしますが、巨人の福田に野球賭博を勧めたとされるＡ氏のことは知っていましたか。

立浪：知り合いです。10年以上前に講演会をやった時に知り合った。当時、彼は一部上場の不動産関連会社の名古屋支店長をやっていた。でもそれだけ。会わない年もありました。年に2、3回会うぐらいです。〟

『東スポ』は、アホなふりをして立浪を直撃し、とうとう本人から「知り合いです」という言葉を引き出してしまったのだ。オヤジジャーナルがそれまで書いてきた「超大物OB」が、やっぱり立浪だったという答え合わせができた瞬間である。

何度も書くが、これでわかったことは「A氏と知り合いの超大物OB」が立浪だったというだけで、決して野球賭博に立浪が関わっていたわけではない。インタビューでも、「球界人として今回の野球賭博についてはどう思うか」という『東スポ』の質問に、彼は「法で禁じられていることはやってはいけない。それは当たり前のこと。今回の件は球界全体に迷惑がかかっている。一刻も早く解決してほしいですね」と答えている。

『巨人軍「闇」の深層』（西﨑伸彦・文春新書）では、以前違法カジノ店に出入りしていた笠原投手（当時）の情報を知った立浪は「すぐに巨人軍にいる知り合いのコーチとベテラン選手の二人に、笠原に対して注意を促すよう連絡を入れた」と記されている。立浪は交際範囲が「広かっただけ」なのである。

ただ私は新聞各紙が書く「超大物OB」を知りたかった。言ってみれば「クイズ」を追っていったら、こんな読み比べができたのだ。

この〝立浪騒動〟は、オヤジジャーナルの「匂わせ芸」がいかに巧みであるかを読み比べる材料として、近年まれに見るネタだったと言えるだろう。

辛口おじさん『日刊ゲンダイ』は永遠の学生運動

■露骨なまでの〝アンチ安倍政権〟推し

オヤジジャーナルの中でも、屈指の辛口おじさんが『日刊ゲンダイ』だ。かなりクセのある激しい論調のため、正直かつては読むのが苦手だったこともある。

ところが、「毎日真剣に怒っているおじさん」だと思って擬人化して読み始めたら、なんだかおもしろくなってきた。いつの間にか心の中で〝ゲンダイ師匠〟と呼ぶようになり、今では師匠の小言や叱責がたまらない体になってしまったのである。

このゲンダイ師匠、とにかく安倍政権がキライ。毎日安倍首相に怒っている。中でも盛り上がったのが、２０１４年の東京都知事選だった。

この年は、猪瀬直樹都知事（当時）に「徳洲会から５０００万円」のスキャンダルが報じられ、猪瀬氏は辞任。その後任を決める都知事選には、元厚生労働大臣の舛添要一、元首相の細川護煕、元航空幕僚長の田母神俊雄、日本弁護士連合会前会長の宇都宮健児など、にぎやかで華やかなメンバーが出馬を表明した。

そんな中、強烈な「細川護煕推し」を打ち出していたのがゲンダイ師匠である。

まず、告示前日の記事からしてすごい。

〝安倍首相は国民から嫌われている。浮かれ安倍政権は終わりだ。エヘラエヘラいい気になっているそのオメデタサが命取りになった愚の骨頂。〟（1月23日）
〝有権者よ、夢から目覚めさせてやろうではないか。〟（同）

ゲンダイ師匠、めちゃくちゃ気合いが入っている。

それ以降もどんどん攻める。1月29日付の紙面では、**《安倍のままでいいのか 選挙でおろすのか》《都知事選は安倍国政の審判である》**と問題提起。

この日は師匠、特におかんむりであった。記事の中で「細川の覚悟に有権者はどう応えるか」と問いかけ、イマイチ盛り上がらない細川フィーバーをこう分析する。

〝たしかに細川には、非自民党政権を投げ出した前科がある。陶芸に興じた殿様が「何を今さら」とシラける有権者の気持ちもわかる。小泉に至っては、構造改革を推し進め、今の格差社会を招いた張本人だ。〟

細川氏の弱点を冷静に把握している……と思いきや、次の瞬間、論調は急転。

〝とはいえ、そんなことで脱原発派が割れていたら、安倍・舛添連合を利するだけだ。今度の選挙は安倍を潰すことが主眼なのだから、この際、目をつむるところはつむる。妥協すべきところは妥協し、とにかく、反安倍票を集約させることだ。（略）そのためにも、なにがなんでも細川・小泉陣営に勝ってもらうしかない。宇都宮も悪くないが、ここは勝負どころだ。敵が誰かを見誤らないことである。〟

「この際、目をつむるところはつむる。妥協すべきところは妥協」と熱く宣言するのがすごい。あと、「(同じ脱原発を主張する)宇都宮も悪くないが、ここは勝負どころだ」とあっさりスルーされる宇都宮健児氏の立場はいったい……。

翌1月30日には、毎日張り切って応援しているのに、細川候補への盛り上がりのなさにゲンダイ師匠はイライラしている。

〝いったい、どうしたことか。先週からスタートした都知事選が、意外なことに思ったほど盛り上がらない。細川・小泉という元総理コンビが街頭に立っているのに、有権者の関心は前回と変わらないというのだ。〟

2月3日になるといよいよご立腹だ。**《これは東京選挙民の重大な責任だ》**と大見出し。記事中の以下の「檄文」がすごかった。

〝この都知事選は、東京だけの問題ではない。メディアは候補者の個別の政策を比較したりしているが、そんなものは焦点でも何でもない。安倍政権の暴走を黙認し、世界で孤立する日本になってもいいのか。投票の基準は、その一点に尽きる。〟

ゲンダイ師匠、候補者の政策は焦点でも何でもないとキッパリ宣言した。

そして2月4日付の紙面では、2月2日の銀座での「舛添&安倍VS.細川&小泉」の街頭演説レポが載る。見出しは**《細川逆転見えた》**。

まずは「聴衆も集まらず拍手もパラパラ」と舛添陣営を評し、「相手が若い女性だと、肩を引き寄せる力が強く見えるのは気のせいか」「町中ではアンチも多い。あんな人としたくないのにと嫌な顔のお婆さんがいたり、名前と人気は比例しない」などこき下ろす。

一方、細川陣営のレポートでは、「クビに緑色のマフラーを巻き、ダウンジャケットを腕まくりして街宣車にのぼった細川護熙は、テレビより実物のほうが若々しい」と見事なまでのヨイショ。

そして宇都宮健児の銀座演説に対しては「意外!? 若者に支持が広がっている」と、どこまでもそっけない。同じ脱原発なのにスター性がないとこんなに相手にされないのか。

しかし選挙結果は、下馬評を逆転して宇都宮氏が細川氏を抜いて「2位」。これはなかなか興味深い結果だった。脱原発票はマスコミの煽りとは関係なく、細川氏よりも宇都宮氏に流れたとも言えるからだ。有権者は冷静に見ていたのかもしれない。

ゲンダイ師匠による、露骨なまでの「安倍下ろし」と「細川への贔屓の引き倒し」の姿勢。でも私は思うのだ。最初はその論調に驚いていたが、こういう熱い新聞があってもいいのではないかと。

新聞の不偏不党、公正中立なんて嘘くさい。それよりも、『日刊ゲンダイ』のようにハッキリとわかりやすく「推し」を書いてくれたほうが、読んでいて選挙戦も楽しめるし、流れもわかる。スポーツ新聞に推し球団があるように、タブロイド紙には推し政治家がいてもいいのである。

■安倍首相VS.ゲンダイ師匠の〝コラコラ問答〟

毎日真剣に怒っているおじさん、それが『日刊ゲンダイ』。そんなゲンダイ師匠をウォッチしていてよかったなあと思わせてくれた、私の中で伝説となっている記事がある。それがこの記事である。

《「ある夕刊紙は…」愛読者の安倍首相、日刊ゲンダイを批判?》（2014年2月13日）

記事の冒頭はこうだ。

〝安倍首相が12日の衆院予算委員会で、NHK経営委員の百田尚樹氏が都知事選の応援演説で対立候補を「人間のくず」と表現したことを野党議員に追及され、「ある夕刊紙は私のことをほぼ毎日のように〈人間のくず〉と報道しております。私は別に気にしませんけどね」と笑いながら受け流した。〟

ここまで紹介して、ゲンダイ師匠は紙面で言い返す。

〝どうも日刊ゲンダイを指しているようだが、権力批判や監視が命題のジャーナリズムとは違い、公人である百田氏の「くず」発言を笑いでゴマカすのには疑問が残る。もっとも、本紙は首相のことを「ボンクラ」「嘘つき」とは表現したが、一度も「くず」とは報じていない。〟

「ボンクラ」「嘘つき」とは表現したが、一度も「くず」とは報じていない！　なんという切り返しだろう！　そして、結びはこうだ。

〝麻生副総理と同様、熱心な本紙読者として知られる安倍首相。今後は2人一緒に細心の注意で熟読してもらいたい。〟

さらに、記事中の安倍首相の写真には「本紙読者として知られる安倍首相」というキャプションがあったのだ。子どものケンカみたいで最高ではないか。

その昔、プロレスラーの長州力と橋本真也が、記者会見で「おいコラ、タコこら」をお互いに言い合う「コラコラ問答」というのがあったのだけれど、この記事は「安倍首相VS.ゲンダイ師匠」のコラコラ問答として、私の中で伝説となったのである。

そしてこのコラコラ問答から2年経った2016年2月。またしても安倍首相とゲンダイ師匠の「直接対決」が勃発した。

2月4日の衆院予算委員会で民主党議員が「言論機関が権力者の意向を忖度《そんたく》し、権力者への批判を控えるようになるのではないか」「安倍政権に批判的なテレビキャスターやコメンテーターが次々と番組を降板している。民主主義の健全な発展にもマイナスだ」と問うたところ、「今日、帰りにでも日刊ゲンダイを読んでみてくださいよ。これが萎縮している姿ですか」と安倍首相が答えたのだ。『ゲンダイ』、国会で2年ぶりの登場。

これに対し翌日のゲンダイ師匠は、「日刊ゲンダイを読めとは恐れいる。」と書く。

そして「一部の特殊な例を挙げて、それが全体に当てはまるかのように丸め込むのは、典型的な詐欺師の手法だ。」。ゲンダイ師匠の反撃が始まった。

「国会の場で安倍サマのお墨付きを得てしまった以上、今後も必死で報道の自由を行使しなければならないが、そんなに愛読しているのなら、ぜひ記事の内容もきちんと理解してもらいたいものだ。」と追撃。

小見出しは、

《言葉の端々に現れるボクちゃん政治家のご都合主義と国会と野党への侮蔑、蔑視》

《詐欺師も逃げ出す居直り詭弁すり替え答弁の数々》

ボクちゃん政治家相手だけではない。「かくもオレ様政治をつけあがらせた大メディアの腐敗堕落と寒々しいほどの野党の無力」。

返す刀で「安倍が威張っていられるのは、メディアが忖度して権力者を支えているせいもあるが、それにまんまとダマされる有権者もリテラシーが低過ぎる。」

首相、マスコミ、有権者をすべてぶった斬り。

ゲンダイ師匠が炸裂した日であった。

■〝ゲンダイ師匠〟のお茶目な手の平返し

さて、都知事選が終わり、すぐに始まったのが2014年2月のソチ五輪である。この五輪報道でも、ゲンダイ師匠は圧倒的な辛口おじさんぶりを発揮してくれた。

まずはスノーボードを**《ガキの遊びが五輪競技になったワケ》**（2月8日）と一喝している。

〝こんな「遊び」がスポーツの祭典と呼ばれる五輪の公式競技とは。〟

〝どう見たって公園でガキたちが楽しむスケートボードの「雪上版」に過ぎない。走破タイムも一切関係ないから緊張感もまるでなし。〟

スノーボードも、ゲンダイ師匠にとっては「ガキの遊び」なのだ。
しかし、真骨頂はこの数日後だ。スノーボード・ハーフパイプで平野歩夢が銀メダル、平岡卓が銅メダルを獲得すると、**《〝ガキの遊び〟健闘 15歳と18歳が日本初メダル》**（2月13日）と見出しを打った。注目すべきは記事の締めだ。

〝かつて『遊び人風情の若者がクルクル回っているだけ。およそアスリートとは言えない。単なるガキの遊び』とボロクソに言われた時代があったが、ひのき舞台でのダブルメダル獲得は大健闘と言っていい。〟

いやいや、「ガキの遊び」とボロクソに言ってたのは、つい数日前のゲンダイ師匠ですから、と思わずツッコんでしまった。
しかし、そんなゲンダイ師匠もかなわない相手がいた。男子フィギュアスケートの羽生結弦だ。羽生が金メダル当確の演技を見せたときの見出しがこれ。

《本紙もケチつけられず》（2月15日）

師匠、最高です！
どうだろう、みなさん。この辛口というか、毒舌というか、まさにおじさんを体現しているると思うのである。もちろん「上から目線で何をエラそうに」と眉をひそめる人もいるだろう。だが、私はいつしか、おかしみと愛着のようなものがゲンダイ師匠に対して芽生えてきた。その偏屈さが「かわいく」見えてしまう瞬間があるのだ。
2015年の高校野球・夏の甲子園では、早実のスーパー1年生・清宮幸太郎が話題を集めた。世間があれだけ清宮、清宮と騒ぐと、それに対して「騒ぎすぎではないか」という論陣を張るメディアも出てくる。どこかと言えば、そう、もちろんゲンダイ師匠である。早実が甲子園出場を決めてますます清宮報道が盛り上がる中、『日刊ゲンダイ』はこんな切り口の記事を載せたのだ。

《清宮蝕むスポーツマスコミの狂気》（7月29日）

ゲンダイ師匠の口調は厳しく、「まるで客寄せパンダ」「未熟なまま終わる可能性」「16

歳の高校1年生を無理やりスターに祭り上げることが、結果として選手をダメにする」と並べ立てる。

その2日後には**《怪物候補を襲うメディアスクラム》**（8月1日）という記事で警鐘を鳴らした。一貫して清宮フィーバーとは距離を置くゲンダイ師匠である。

しかし、いよいよ甲子園開幕が迫った8月5日付の『日刊ゲンダイ』の一面には、**《連載開始　清宮　怪物の育て方》**という見出しが。清宮のすごさを伝える「短期集中連載」が華々しくスタートしたのであった。

「体感150キロの速球をことごとく打ち返した小学生時代」「煙突ホームランを連発」「メジャーが最終目標です！」と、裏一面をまるまる使って盛大な清宮フィーバー。連載の第3回見出しは「清宮特殊能力」。辛口のゲンダイ師匠も、清宮フィーバーに結局あっさり乗った瞬間であった。

またしてもゲンダイ師匠が「かわいく」見えてしまった。もしかしたら、私は『日刊ゲンダイ』に「萌え」を感じているのかもしれない。

■ついに〝ゲンダイ師匠〟と会った！

こうして『日刊ゲンダイ』のアツさについて書いたりしゃべったりしていたら、2014年4月21日に、TBSラジオの『荻上チキ・Session-22』でとうとう〝ゲンダイ師匠〟と対面できることになった。『日刊ゲンダイ』編集局長の寺田さん。あの激烈な見出しや記事を書く「中の人」に、ついに会うことができたのだ。

あれもこれも聞きたかったが、いちばん聞きたかったのはその独特すぎる論調についてだ。安倍政権に対する批判や監視の目は当然必要だが、その「見出し」や「言い方」が罵倒に近いものなら、安倍政権をチェックしたいと思う「中間層」の人たちは引いてしまうのでは？　という素朴な疑問があったのだ。

それに対して寺田氏は、「過激な見出しを見て、興味を持った人に買ってもらうため」と語った。たとえば、電車の窓ガラスに『ゲンダイ』の激しい見出しが映って、それで周囲の人が興味を持ってくれればいいという答えだった。なるほど、やはり「檄文」に近い。

『ゲンダイ』の見出しや独特の論調について、「ゲンダイ師匠は永遠の学生運動をやっているのではないか。あの一面の赤や黄や黒の派手な色づかいは、かつての学生運動の立て看板や新聞の延長ではないか」という説を立てたことがある。

それについては、2016年5月にTBSラジオの『荒川強啓デイ・キャッチ!』で、今度は『日刊ゲンダイ』の社長・下桐治さんに尋ねることができた。

「学生運動か、ハハハ、それよりは(ゲンダイは)いいもんだけどね」

紙面とは違い、なんとも穏やかに語ってくれたホントの〝ゲンダイ師匠〟であった。

このあと、「ゲンダイ=永遠の学生運動」説を裏付ける文章が載った。2016年の9月に『ゲンダイ』で連載1000回を迎えた作家の五木寛之氏のコラムだ。

創刊時のゲンダイをふりかえり、

〝当時の日刊ゲンダイは、野武士、浪人の集団だった。トップがトップなら、社員も曲者ぞろい。(略)全共闘の猛者などももぐり込んでいたから、当然かもしれない。〟

と書いていた。

■『ゲンダイ用語の基礎知識』

ここまで『日刊ゲンダイ』のことを書いてきた。もしかしたら、ゲンダイ師匠のキャラクターに興味を覚えて読みたくなった方もいるかもしれない。

そんなあなたに、ゲンダイ師匠がよく使うフレーズをまとめてみた。これらの言葉が出てくると「いよ、待ってました！」と声を掛けたくなる。実際に2016年中に使われたものを用例としてあげてみた。

では、『ゲンダイ用語の基礎知識』。まずはこちらのフレーズから。

・**『赤っ恥』**

ひどい恥のこと。ゲンダイ師匠の決めゼリフのひとつ。

(用例)「トランプ勝利を予測もしなかった安倍政権や大メディアの赤っ恥」

・**『笑止千万』**

非常にこっけいなさま。ゲンダイ師匠の見せ場のひとつ。大見得を切っている姿を想像しながら読むとよい。
（用例）「ＴＰＰ崩壊に右往左往。大メディアの笑止千万」

・**『大マスコミ』『大メディア』**
ゲンダイ師匠は政治家だけでなく、一般紙や記者をも斬りまくる。マスコミやメディアの上に「大」をつけると、タブロイド紙の誇りと意地が漂う。類似の言葉では「大手新聞」「従軍記者」がある。

（用例）「いやはや、もはや大マスコミは詐欺師の共犯と化している」「世界が見えない安倍政権と大メディア」「大メディアの腐敗堕落」

・**『亡国政権』**
安倍政権のこと。
（用例）「求められるのは亡国政権の懺悔とケジメであろう」

・**『デタラメ』**

安倍政権のこと。

(用例)「大風呂敷を広げるばかりのデタラメ政権」

・『**ペテン**』
安倍政権のこと。

日常生活ではなかなか聞かなくなった言葉だが、ゲンダイ師匠はほぼ毎日使っている。

(用例)「全てが八方塞がり 大風呂敷のペテン政権」「バカバカしいＴＰＰ審議、どう落とし前をつけるかペテン首相」

・『**大風呂敷**』
安倍政権のこと。「ペテン」「デタラメ」などと親和性が高く、セットで出てくる。

(用例)※すでに何度も出ています。

・『**命乞い**』
一般的には命が助かるように頼むこと。『ゲンダイ』ではかつての権力者に使われる。

（用例）「朴槿恵 命乞い」「慎太郎氏 命乞い」

・『慎太郎』

作家で元東京都知事である石原慎太郎氏のこと。『ゲンダイ』では豊洲新市場の「盛り土」問題のときに、連日「慎太郎」の文字が一面で炸裂した。

（用例）「盛り土犯人 慎太郎」「慎太郎氏 命乞い」「慎太郎 聴取逃げた」「慎太郎氏 生け贄」「慎太郎 公開処刑」


小池百合子嫌いのゲンダイ師匠だが、盛り土問題時は「もっと嫌い」である慎太郎に焦点をしぼっていた。

ゲンダイ用語の特徴のひとつに、大事なことをあえてカタカナで書くという表現がある。先ほどあげた用例の中でも「デタラメ」「ケジメ」があるのがわかるだろう。

これらはメッセージをわかりやすく伝える効果がある。学生運動が活発だった時代の名残かもしれないし、ポップカルチャー萌芽期に若い時代を過ごしていたゲンダイ師匠の「青春の残り香」とも思える。そのあたりを味わって読めばさらにおもしろいはず。

以上、『ゲンダイ用語の基礎知識』でした。

第5章 新聞は下世話な目線で楽しもう

難しいニュースも〝下世話な目線〟に落とし込む

■ウクライナ情勢と〝つちやかおりW不倫〟の共通点

第3章では、SMAPの解散報道を例に、スポーツ紙を使った「情報戦」の例を詳しく解説したが、「その情報は誰が発信しているのか」「誰が得をするのか」を考えるというのは、芸能ニュースだけでなく、複雑な国際紛争のニュースを読み解くうえでも重要な視点となる。

たとえばあなたは、シブがき隊の〝ふっくん〟こと布川敏和の妻・つちやかおりの「W不倫」という話題を覚えているだろうか。2014年5月8・15日号の『週刊新潮』で、つちやかおりが妻のいる割烹料理店の店主と手をつないで歩いている現場を撮影され、W不倫と報じられたのだ。

どうでもいいよそんなスキャンダル、と一笑に付したあなた。この話題はメディアを使った「情報戦」を考えるうえでけっこう重要なのだ。

報道を受けてつちやかおりが会見を行うと、夫の布川敏和もそのあと会見。つちやはフジテレビの情報番組に出演して、布川の会見中継をスタジオで見るという展開になった。この、なんだかわからない入り組んだ感じ。どちらにも感情移入できない感じ。このとき、なぜか私は「ああ、ウクライナ情勢の複雑さもこういうことか」と妙に納得したのだ。

私たちはつい、「どちらが被害者でどちらが加害者なのか」、あるいは「どちらが善でどちらが悪なのか」という〝わかりやすさ〟を求めてしまう。しかし、ウクライナ情勢における政権支持派と親ロシア派、あるいはW不倫騒動における布川敏和とつちやかおりを見れば、物事はわかりやすい二元論ではとらえきれないことがわかる。あえて言うなら「どちらもめんどくさい」「どちらもしたたか」が正解なのだろう。

ウクライナの親ロシア派は、新政権に圧力をかけているえげつないイメージがあるが、政権側には極右勢力もいる。

同様に、つちやかおりの不倫はえげつないイメージがあるが、今まで女癖をネタにされていたのは布川でもある。おまけに布川は会見の模様をネットで配信して、自分のブログで大々的に予告するなど、『東スポ』いわく「絶好のアピールチャンスに転じていた」のだ。これはもう離婚商法疑惑も含めて、「どちらもしたたか」と理解するのがいちばんしつくりくる。利用できるものは何でも利用する「ザ・芸能人」を見せつけてくれたのだ。

もう一組の例をあげてみよう。「両派めんどくさそう」なのは、中山美穂と辻仁成の二人を見てもわかる。離婚報道が出て以来、どちらサイドも情報操作に力を入れていた。

『東スポWeb』の記事**《ネットでミポリン元夫の悪評を広めてくれと依頼する謎の紳士》**（2014年7月19日）の最後には、こう書かれている。


〝3月に中山と辻の離婚話が浮上し、当初は辻のネガティブ情報が蔓延した。ところが5月になり、中山にイケメンアーティスト渋谷慶一郎（41）との不倫が報じられ、最終的に一人息子の親権もあっさり辻に譲ってしまったことから、形勢は逆転。そんな情報戦は離婚のギリギリまで続いていたようだ。〟


私も実感として覚えているが、最初に離婚報道が出た頃は、中山美穂への同情論が多数派だった。ところが、中山に新恋人情報が出ると、報道の「情緒」も含めて一気に形勢が逆転したのだ。

この攻防を見て、またしても私は「ああ、これはウクライナ情勢と同じだ」と痛感したのだ。お互いに自分に有利になる情報戦をやり合っている。ウクライナもミポリンも布川敏和も、世論の「味方」を自分につけようと必死。そういう「見方」をすれば、芸能ニュースも国際ニュースも平等に見えてくるではないか。

難しいニュースは、あえていったんどうでもいいニュース、いや下世話でわかりやすい目線に落とし込んでみると、理解しやすくなる。

アンチを楽しむためにはまず大元のベタを知れ

■沈黙を破り「吉田証言」の虚偽を認めた『朝日』の不自然さ

私は朝刊紙をすべて読んでいる。宅配では『朝日』『読売』『日経』。他は有料電子版で契約している。『朝日』との契約がいちばん長い。

『朝日』は他紙から批判される対象として槍玉にあげられることが多いからだ。『朝日』

は新聞界の「盟主」であり「エリート」と思われているからこそ、他紙や週刊誌からのツッコミの対象になりやすい。話題になりやすい。

なのでまっさらな気分で「元ネタ」を先に読んでおきたいのだ。『朝日』を最初に読んでおいたほうが、より楽しめる。

しかし、そんな『朝日新聞』に、新聞史上に残る大きな「事件」が起きた。それは、2014年8月5・6日に発表した**《慰安婦問題を考える》**という検証特集が発端であった。

その朝、いつものように『朝日新聞』を開いた私は、しばらく目が泳いだ。かねてから『朝日』が世間から「ツッコミ」の対象とされていた「吉田清治の証言」について、予告なくいきなり言及していたのだ。

《「済州島で連行」証言　裏付け得られず虚偽と判断》（2014年8月5日）

〝読者のみなさまへ

吉田氏が済州島で慰安婦を強制連行したとする証言は虚偽だと判断し、記事を取り消します。当時、虚偽の証言を見抜けませんでした。済州島を再取材しましたが、証言を裏付ける話は得られませんでした。研究者への取材でも証言の核心部分についての矛盾がいくつも明らかになりました。〟

慰安婦問題は、日本国内では長い間「狭義の強制か、広義の強制か」などが論点になっていたが、現在では「女性の尊厳を踏みにじったこと自体がいけない」というグローバルな価値判断が最上位だ。「女性の尊厳」に関しては、誰も異を唱える人はいない。

実際、この特集でも一面で「編集担当 杉浦信之」氏が**《慰安婦問題の本質 直視を》**と題して、こう書いている。

〝戦時中、日本軍兵士らの性の相手を強いられた女性がいた事実を消すことはできません。慰安婦として自由を奪われ、女性としての尊厳を踏みにじられたことが問題の本質なのです。〟

しかし、慰安婦報道には厄介な点もある。それは「ミソもクソも一緒になっていた」点だった。ここでいう「ミソ」ではないほうが、吉田清治という男の証言だったのだ。

そもそも、「吉田証言」とは何か。『東スポ』が淡々と書いていたので抜粋してみよう。

〝過去に慰安婦の強制連行を証言した、吉田清治氏（故人）の著書「私の戦争犯罪」について は、発表当時から内容の信憑《ぴょう》性について疑問が多かった。その後、現代史家の秦郁彦氏による入念な取材で、フィクションであることが明らかになり吉田氏本人もそれを認めた。だが、内容の衝撃性もあいまって、「日本軍の慰安婦狩りに関する貴重な証言」として独り歩きし、1996年、国連人権委員会に報告された「女性への暴力特別報告」に関する報告書「クマラスワミ報告」にも引用されるなど、日本の名誉を著しく毀損してきた。〟（2014年8月8日・東京スポーツ）

では、具体的に吉田清治の本にはいったいどんな内容が書かれていたのか。

〝「私の戦争犯罪」の一部を抜粋すると、こんな記述がある。

「『体格の大きい娘でないと、勤まらんぞ』と山田が大声で言うと、隊員たちは笑い声をあげて、端の女工から順番に、顔とからだつきを見つけて、慰安婦向きの娘を選びはじめた」「やせて幼い顔の娘が、大野に年を聞かれてはげしく泣きだした。大野は娘のうしろ

へまわって行って、家畜の牝の成熟を確かめるような目つきで、娘の腰を見て、『前へ出ろ』と言った」〟（同）

これらの証言がすべて嘘だったというのだ。『朝日』はこの「吉田証言」を16回記事にした。1回なら誤報であるが、16回だとただのミスではなくキャンペーンだったと誤解されても仕方がない。

慰安婦問題の追及に熱心な人は、「吉田証言が虚偽というのはもう織り込み済み。すでにそのツッコミは有効ではない。今さら影響はない」と言う人も多い。私もこの問題は90年代から論争を見続けているが、たしかに「吉田清治がこう言っていた」と推す人はもういない。

だが、それを考えても『朝日新聞』が「吉田証言」の虚偽を認めたのは間違いなく大きな事件だ。だからこそ、「なぜ今なのか」が気になるのである。いったい、なぜ慰安婦報道検証を「今さら」したのか。当時の記者が引退したから？　部数が落ちたから？　バッシングに耐えられなくなったから？

■「吉田証言」を清算して「吉田調書」に賭けた『朝日』の決断

実は、これには思い当たることがある。それはこの「慰安婦問題を考える」の検証特集が出る3か月前、2014年5月のことだ。あの頃、『朝日』にどんなできごとがあったか思い出してほしい。

『朝日』がスクープとして報じた「吉田調書」である。

「吉田」が続いてややこしいが、「吉田調書」とは、東京電力福島第一原発所長で事故対応の責任者だった故・吉田昌郎氏が、政府事故調査・検証委員会の調べに答えた「聴取結果書」のことだ。

政府が非公開としていたこの「吉田調書」を『朝日』は独自に入手し、「東日本大震災4日後の2011年3月15日朝、福島第一原発にいた東電社員らの9割にあたる約650人が吉田所長の待機命令に違反し、10キロ南の福島第二原発に撤退した」と5月20日に報じたのだ。多くの所員が逃げていた、という大スクープである。

だが、そのあと6月には『週刊ポスト』に**《朝日新聞『吉田調書』スクープは従軍慰安婦虚報と同じだ》**（2014年6月20日号）という記事が出る。これに怒った『朝日』はすぐさま動いた。

《週刊ポスト記事に朝日新聞社が抗議 吉田調書めぐる報道》（２０１４年6月10日・朝日新聞）

『朝日』側は、自信を持って送り出した「吉田調書」の記事を「捏造」と言われて頭にきたのだろう。だが一方で、私はこうも思ったのだ。

「では、ここ20年以上〝捏造だ〟と攻撃されている『吉田証言』（を何回も載せた朝日報道批判）についてはなぜ反論しないのだろう？　抗議しないのだろう？」

「吉田調書」と「吉田証言」。ここにきて〝ふたつの吉田〟が偶然にも同じ時期に、『朝日』を語るうえで浮上したのだ。

もし『朝日』が慰安婦報道の記事に絶対の自信があれば、過去に何回も反論しているはずが、今回の『朝日』の検証記事を読むと、どうやら『朝日』自身も１９９７年頃に「吉田証言は虚偽」とわかったようで、沈黙を始めたことがわかる。

今後も沈黙を続けたら、どんなに大スクープを報じても「それは〝慰安婦虚報〟と同じインチキだろ？」という野次が飛んでくるだろう。それにもう『朝日』は耐えられなくなったのではないか？

言ってみれば、東電の「吉田調書」スクープを守るために、慰安婦の「吉田証言」虚偽を認めたのではないだろうか。

そう思っていたら、さっそく**《朝日新聞社、FLASHに抗議文「捏造は一切ない」》**（8月6日・朝日新聞）という記事が載った。興味深いので全文を載せる。

〝5日に発売された光文社の写真誌「FLASH」8月19日・26日号に掲載された「『従軍慰安婦捏造（ねつぞう）』朝日新聞記者 大学教授転身がパー」の見出しの記事について、朝日新聞社は5日、朝日新聞の報道を根拠なく「捏造」と決めつけ、名誉と信用を著しく傷つけたとして、FLASH編集長に抗議するとともに、謝罪と訂正の記事掲載を求める文書を送った。

朝日新聞社広報部は「5日付朝日新聞の特集『慰安婦問題を考える：上』で報じた通り、慰安婦問題を報じた記事に朝日新聞記者による捏造は一切ありません」としている。〟

このように、『朝日』はさっそく抗議を開始したのだ。今までは沈黙するしかなかったが、検証報道によって一部（吉田証言）を虚偽と認めたので、「他は捏造ではない」と反撃できるようになったと見える。『朝日』の心境がとてもわかりやすく見えてこないだろうか。

では、慰安婦報道バッシングに対して『朝日』が反撃するのはいつ以来なのだろう。ここで私は、『朝日新聞』に直接電話して聞いてみることにした。

電話口で「慰安婦検証報道を読んでお伺いしたいことがあるんですが……」と私が言うと、最近「お叱りの電話」が多いのか、「お客様窓口」の男性（30代くらい）の少し身構えた雰囲気が、受話器越しからも伝わってきた。

だが、「今回、光文社に抗議しましたが、過去に他社の〝朝日慰安婦報道に対する記事〟に対して抗議したことはあるのですか？ 朝日紙上で記事にしたのか知りたいのです」と言うと、クレームの電話とは違うと思ったのだろう。少し安堵したような雰囲気でさっそく調べてくれた。数分後、答えはすぐに出た。

『朝日』のデータベースによると、「他社による朝日の慰安婦報道」に対しての、直近の抗議は「２００２年12月25日」だという。抗議した相手は、『読売VS朝日―社説対決50年』（読売新聞論説委員会編／井沢元彦解説・中公新書ラクレ）という本。この本の中に書かれた「女子挺身隊を慰安婦狩りの制度と書いた朝日新聞」という記述に対して抗議をし、記事も書いたという。

逆に言えば、このあと2002年から2014年8月までは抗議していないことになる。2002年以降も『朝日』の慰安婦報道に対するツッコミは怒濤のようにあったはずなのに。電話口の男性は、「キーワードを〝慰安婦〟の他にもいろいろ入れて検索しましたが、2002年のこの抗議記事以外は見当たらないですね……」と語る。

やはり2002年以降、『朝日』はずっと慰安婦報道への批判やバッシングに対して沈黙していたのである。しかし今回、8月の検証報道で一部を虚偽と認めたことで、他の記事には反撃できるようになったわけだ。

「吉田清治」を清算すればだいぶ楽になる。間違いを認め、他のいわれなき批判には声をあげて戦うことができる。この時期に「慰安婦問題を考える」という検証特集を『朝日』が出してきた理由を、私はこのように見立てた。だが、『朝日』はこのあとすぐに、「吉田調書」でもやらかしてしまうのであった。

■「W吉田事件」で『朝日』が元気をなくして困るのは誰か

２０１４年５月20日、『朝日新聞』はいわゆる「吉田調書」を入手し、《福島第一の原発所員、命令違反し撤退》や《ドライベント、３号機準備 震災３日後、大量被曝の恐れ》などと大々的に報道し、大きな話題となった。

ところが、その３か月後の８月18日、今度は『産経新聞』が「吉田調書」を入手し、「実際に調書を読むと、吉田氏は『伝言ゲーム』による指示の混乱について語ってはいるが、所員らが自身の命令に反して撤退したとの認識は示していない」などと、『朝日』のスクープを全面批判し始めたのである。

『朝日』にしてみれば、「慰安婦検証報道」で「吉田証言」を虚偽と認めて他のマスコミが大騒ぎになっている中で、今度は５月のスクープ記事「吉田調書」への疑念が出てきたことになる。踏んだり蹴ったりである。

それにしても、原本は同じなのに、『朝日』と『産経』で互いの「吉田調書」の解釈が違う。こんなことってあるんだろうか？

あるんです！

私の見てきた得意分野で説明をすれば、かつて90年代のプロレスマスコミがまさにそうだった。主観や思想が違えば、同じ試合を見ても専門誌によって違う切り口になる。書き手がどの団体を推しているかで、論調もまったく異なるということが起きるのである。

つまり、そこに送り手側の思想や利害が絡んでいるからこそ、同じ「試合」でも伝え方が違う。なんなら読者を誘導する。『朝日』と『産経』の「吉田調書」をめぐる報道の食い違いは、久々に味わう「プロレス報道物件」だったと私は確信している。だからこそ、両紙の記事を読み比べることに意義があるのだ。

世の中には、「朝日は嫌い」「産経は偏っている」と、その名を耳にしただけでアレルギー反応のように否定する人もいる。でも、だからといって即座に切り捨てるのはあまりにもったいない。こういう機会にこそ、せっかくなのだから、行間から漂う両紙の「狙い」をそれぞれ感じてみればよいのだ。

さて、とはいえこのプロレス物件、結論から言えば『朝日新聞』の完敗となってしまった。２０１４年9月11日、政府が「吉田調書」の早期公開に踏み切った同じ日に、朝日新聞社の木村伊量社長が謝罪会見を行い、「思い込み」で記事を書いてしまったと「吉田調書スクープ」の誤りを認めたのだ。

そのついでにという感じで、慰安婦報道での「吉田証言」に関する誤った記事を掲載したこと、その訂正が遅きに失したことについても、「読者のみなさまにおわび致します」

と述べた。

東電の「吉田調書」スクープを守るために、慰安婦の「吉田証言」虚偽を認めたはずが（注・私の見立てです）、その「吉田調書」が公開されてしまったことで、まさかの共倒れとなってしまったのである。

この件で、タブロイド紙などには「『産経』の手にも『吉田調書』が渡ったのは、官邸の朝日潰しではないか」という内容の記事が載った。『朝日』だけが手に入れたはずの機密文書を、絶好のタイミングで『産経』も入手したのは、「吉田調書」の嘘を晒すために、官邸側がわざと『産経』にリークしたのではないか、というわけだ。慰安婦報道での虚偽で劣勢になっている『朝日』への、いわば追い打ち。「W吉田責め」である。

官邸による特定のマスコミへのリークというのはえげつない。これだけでも一章を書けるが、ここで考えたいのは、「朝日の油断」だ。「自分たちしか入手してないから、安心して読者を誘導しようとした」と言ったら失礼かもしれないが、「まさか吉田調書が公開されるはずがない」という油断が『朝日』にはなかっただろうか。

しかし安倍政権は、「吉田調書」を『朝日』以外にリークして『朝日』を追い込み、そして「真実を見てもらう」という大義名分で「吉田調書」を公開してしまった。

『朝日』は、安倍政権の対『朝日』への敵対心（マスコミに追及され、1年で退陣した第一次政権の頃からの怨念）をナメていたのだと思う。

こういう記事に対して、権力側はデンと構えてスルーするはず、と『朝日』は思ったのかもしれないが、自分たちが安倍政権から思った以上に嫌われているという現実を過小評価していたのだろう。そもそも安倍首相はそこまで器がデカくない。国会での首相自身による野次攻撃や、『日刊ゲンダイ』とのコラコラ問答（第4章）を知っていればわかることだ。

この騒動によって、マスコミでは「朝日叩き」が異様に盛り上がった。「売国」「反日」など、これまでネットでしか見かけることのなかった罵詈雑言が週刊誌にすら躍った。中には、「朝日は廃刊すべきだ」などと主張する人たちもいた。

しかし、どうだろう。もしも本当に『朝日』が廃刊してしまったら、生き甲斐をなくして嘆き悲しむのは、当のアンチの側ではないかと私は思うのだ。アンチ『朝日』の論陣は、その「アンチ芸」で飯を食っている側面もあるということを認めたほうがいい。

想像してほしい。あなたたちの〝大好きな〟『朝日新聞』がいなくなったときの喪失感を。それはまるで、ボケがいなくなったときのツッコミの寂しさだと思う。現に、最近の

『朝日』は元気を失い、安倍政権に対してかなり腰が引けているように見える。

「気に入らないから消えろ」は子どもの言い分だ。『朝日』とそのアンチには、トムとジェリーのように仲良く追いかけっこをしてほしいと思うのである。

人を軸にしてニュースをつなげて考える

■やっぱり誰もが下世話な「政局」が好きなのだ

以前、『スポーツ報知』が、横浜ＤｅＮＡベイスターズのルーキー・今永昇太投手の新人らしからぬコメント力について熱心に報じたことがあった。

《援護4戦1点でも失策出ても信念を持ち前向くドラ1ルーキー。今永「負けの哲学」》（２０１６年４月25日）

この記事を書いた記者は、実はかつて大学野球番で今永をずっと追いかけていた人。彼に思い入れがあったため、プロ野球の横浜番に移ってこの記事が書けたという。

横浜ファンが、わざわざ巨人中心の『スポーツ報知』を毎日読むことは少ないだろうが、『報知』だからといって読みどころは巨人だけではないのだ。

ときには番記者の署名に注目して楽しむというのも、新聞の読み方のひとつと言えるだろう。

このように、「できごと」ではなく「人」を切り口にすることで、ニュースが読み解きやすくなることもある。特に政治の場合は人間関係、つまり「政局」を把握することで、ぐっと事態が飲み込みやすくなることも多い。

よく、「政局より政策論争が大事」といわれる。たしかに政策論議はもっとも大切に見られるべきである。

しかし新聞がいちばん張り切るときはいつであろう。「社説」では「つまらぬ政局争いはやめて政策論議をせよ」的なご高説を垂れているのに、いざ政局の匂いがすると「誰と誰がくっつく」と盛り上がってしまう。新聞こそ政局が好きなのである。記者の性《さが》としてそうなのだろう。彼らもやっぱり政局が大好きなのである。そして私も政局は馬鹿にできないと考える。人間を通して見えてくるものがあるからだ。

政局とは、プロレスの軍団抗争や、一般企業の社内人事とほぼ同じと考えてよいだろう。大きなニュースも、「なんだ、うちの会社と同じだな」という〝下世話な目線〟に落とし込んで考えてみるとわかりやすくなる。

ここでは例として、「森喜朗」という一人の人物をウォッチすることで、ニュースの点と点がつながっていくさまを見ていこう。なぜなら、森喜朗を考えることは、日本の政治家について考えることと同義だと、私は思うからだ。

〝困った失言おじさん〟森喜朗が総理になれた理由

森喜朗とは、不思議な人物である。総理大臣まで務めた人なのに、世間ではちっとも尊敬されていない。でも、どうやら面識のある人からは絶大に支持されているようなのだ。これ、まさに日本的な政治家の象徴と言えるだろう。

彼はとにかく炎上しやすい。理由は2点ある。まず、馬鹿にしやすい。総理のときは「サメの脳味噌」とさえ揶揄されていた。そして2点目は、実際に放言や失言が多いことだ。マスコミもいまだに森喜朗ネタを狙って、わざわざ講演などに駆けつけ、そして本人もその期待に応えてくれる。ベーブ・ルースと病気の少年の〝約束のホームラン〟があるように、森喜朗とマスコミには〝お約束の失言〟があるのだ。

では、我々は森喜朗のことを「困った失言おじさん」として半笑いで見ていればそれでいいかというと、そんな悠長な存在でもないから厄介なのだ。なぜなら森喜朗はいまだに表舞台に出てくるからだ。「東京オリンピック・パラリンピック組織委員会会長」の座にいつの間にか就いていた。気が付いたら重要な役職にまだいる。半笑いでは済まされない立場と力を持っているのだ。

まずここで、ここ数年の森喜朗をふりかえってみよう。

《森喜朗会長、真央に「あの子、大事なときには必ず転ぶ」》（2014年2月20日・サンケイスポーツ）

〝東京五輪・パラリンピック組織委員会会長の森喜朗元首相は20日、福岡市での講演で、ソチ五輪・フィギュアスケート女子ショートプログラム（SP）で16位だった浅田真央選手を「見事にひっくり返った。あの子、大事なときには必ず転ぶ」と評した。フィギュア団体については「負けると分かっていた。浅田選手を出して恥をかかせることはなかった」

と述べた。日本体育協会名誉会長でもあり、スポーツ界に一定の影響力を持つ森氏の発言に対し浅田選手の地元・愛知県やインターネットなどで、反発や批判の声が上がった。〟

このときの状況を説明すると、浅田真央は初日でまさかのミス連発だったのだが、翌日のフリーで完璧な演技をして（女子フリーで自己ベストを更新）、多くの人の心を揺さぶったという経緯がある。ところが、その余韻も冷めやらぬうちに、森喜朗が講演で「あの子、大事なときには必ず転ぶ」と発言したので騒動になった。

ここで森喜朗というキャラを考えてみたい。

「もし政治家と酒を飲むなら誰がおもしろいか」を考えたら、おそらく森喜朗はトップクラスに入ると思う（森氏は正確には政界を引退したが、ここでは広い意味で政治家と考える）。ぶっちゃけトークと下世話な発言。「もう、先生ったらそんなことまで言って、ガハハ」と座は爆笑。距離は一気に縮むだろう。

そして、「昭和自民党イズム」ってそういうことだったのではないか。「実際に会ってみたらいいおっちゃんだった」という、人たらしの政治。半径10メートル以内の人間は必ず好きにさせ、「オラたちの先生のために1票」と思わせる。

「必ず転ぶ」騒動の頃、『週刊ＳＰＡ！』（２０１４年03／11号）にこんな証言があった。

劇作家の鴻上尚史さんが数年前にエレベーターに乗ろうとしたとき、ごく自然に「何階ですか？」と男性がボタンを押してくれたという。階数を言うと「同じですね」と柔和に微笑んでくれた。その男性が森喜朗だったという。

そのあと同じ小料理屋で、隣りから聞こえてくる森喜朗と支援者の会話を聞いていたら「ああ、この人は、これが魅力の中心なんだな」「気さくな人の良いおじさんなんだな」と鴻上氏は感じたという（鴻上氏はこのあと「東京五輪・パラリンピック組織委員会の会長を務める人は、『必ず転ぶ』などという表現をしてはいけないのです。（略）悪意があろうがなかろうが、絶対に言ってはいけない言葉が『立場』にはあるのです。親戚や窓際のおじさんが言えても、言ってはいけない『立場』はあるのです。こんな人が会長をやってはいけないのです。」と書いている）。

どうやら近い人間には評判のよさそうな森喜朗。

そもそも森喜朗が首相になった経緯を思い出してほしい。当時の首相だった小渕恵三が病に倒れ、自民党のベテラン「五人組」によって後継に選ばれたのが森喜朗だったではないか。密室の半径10メートル以内、つまり永田町で森は究極の支持を受けたのだ。

ところが、世間は森に拒否反応を示した。すでに時代は昭和ではなかったからだ。永田町でウケても、世間ではまったく響かなかったのだ。森は前代未聞の低支持率で辞任。その後は、街頭に出て「自民党をぶっ壊す」とオープンに宣言した小泉純一郎がブームを起こした。小泉が首相になれたのは、森の「密室力」の反動とも言えるだろう。

時は流れて2014年。森喜朗は2020年の東京オリンピック・パラリンピック組織委員会会長となっていた。またしても森は、いつの間にか支持されていたのだ。知らないところで誰かの心をつかんでいた。世間との温度差は、首相就任時とまったく同じと言ってよい。

だが、間が悪いことに、あの頃に比べて「超・公人」はさらに見張られ、ツッコミ待ちをされる存在となった。そんなところへ森登場。内輪の下世話発言は、すぐさま世界に発信されてしまう。字面だけで判断され、さまざまな切り取り方をされてしまう。本人はサービストークと思っていても、オフレコにならずにどんどん晒されてしまう。

さらに、森喜朗の過去の有名な発言を取り上げてみる。

「大阪は痰ツボ。金儲けだけを考えて、公共心のない汚い町」

「日本の国、まさに天皇を中心としている神の国」

前者は自民党京都府連のパーティー、後者は神道政治連盟国会議員懇談会での発言。見事に「その場の人」が喜びそうなトークではないか。本人は勝手に前後の文脈を切り取られた、と主張するかもしれないが、マスコミが食いつくのはある意味当然だろう。発言がすぐさま全世界に拡散されてしまう時代には、「半径10メートル以内を喜ばせる」という森喜朗的な下世話トークは、どう考えても合わないのだ。

今の時代、公人は「自分以外はみんな意地悪」と思うしかない。それこそフィギュアスケートの演技のように「失点を少なくする」しかないのである。

森喜朗は、町内会の会長とか町長といったローカルな存在だったら、誰も不幸にはならなかった。しかし座持ちがよすぎて、すいすい中央のトップに行ってしまった。その結果、「超・公人」となった森喜朗は、マスコミが喜ぶトリプルアクセル級発言を繰り返すようになってしまった。言ってみれば、浅田真央もかなわない〝プロスケーター・森喜朗〟。その持ち味は、まさに「大事なときに必ず転ぶ」という芸風なのである。

■森喜朗を考えることは日本の政治家について考えること

森喜朗はいったいどんな人生を過ごしてきたのだろう。新聞だけでなく、著書を読み比べたらその姿が見えてきた。

森は1937年（昭和12年）石川県根上町（現・能美市）生まれ。父・森茂喜は36年間にわたって町長を務めた。父は早稲田大学のラグビー部出身。その縁で夏休みに合宿を地元に誘致し、森喜朗少年は練習風景を見てラグビーに憧れた。進学の時期に早稲田志望を伝えると担任から「おまえの成績では無理だ」と言われる。

〝父も学校に呼ばれ「あなたの息子さんは早稲田は無理ですよ」と言われて帰ってきた。父は反発した。「こうなったら仕方がない。意地でも喜朗を早稲田に入れてやる」と言い、早稲田大学ラグビー部監督・大西鐵之祐先生への紹介状を書いてくれた。〟（『私の履歴書 森喜朗回顧録』日本経済新聞出版社）

なんかサラッと書いているが、完全なコネである。森喜朗は1か月ほど猛勉強して早稲田の商学部を受験した。

〝合格点には達してなかったかもしれないが、足らざるところはラグビー部推薦でゲタを履かせてもらったのだろう。〟

やっぱりコネだった。この文章を載せた「私の履歴書」は『日本経済新聞』の名物企画だが、この部分は問題になった。2013年末に出た田原総一朗との対談本『日本政治のウラのウラ』（講談社）にこんな記述がある。森さんは試験を受けずに大学に入ってるよね？　という田原の質問に森はこう答えている。

〝そら、ちゃんと試験を受けていますよ。多少は下駄を履かせてくれたと思うけどね。日経新聞の「私の履歴書」でも、ぼくが勉強もしないで入学したということになっていて、大学が大騒ぎした（爆笑）。〟

爆笑しているのである。完全な持ちネタになっているのだ。この図太さ。

こうしてまんまと早稲田に入学した森喜朗。しかしラグビー部を4か月であっさり退部してしまう。いくらコネで入っても全国から優秀な選手が集う早稲田ラグビー部の練習についていけなかったのである。

しかし森喜朗の悪運が強いのは、ラグビー部監督に「ラグビーだけが大学じゃないぞ。早稲田精神を身につけて将来ラグビーに恩返しできる人間になれ」と説得されて「雄弁会」（弁論部）を紹介されるのだ。ここで海部俊樹、小渕恵三、西岡武夫、竹下登など、のちの森喜朗の政治家人生にとってポイントになる人脈を築く。

次は大学卒業時の産経新聞入社について。自伝の書きだしを読んでみると「就職では非常に苦労した」。もうイヤな予感しかしない。

〝私は早稲田に入るときに父の力を借りたので、就職だけは自力で打開したいと考えたが、私の成績で新聞社に入るのは相当困難なことも事実であった。〟

やっぱりイヤな予感しかしない。森は政治家になるためのステップとして新聞記者を考えていた。安保反対運動に対抗して安保賛成運動をしていた森はそこで自民党議員と出会う。

「君はどこに就職したいのか」と聞かれて新聞記者志望と答えると「それなら産経新聞社長の水野成夫君を紹介してあげよう」と言われる。水野に内諾を得、これで入社は決まったと喜んだ森喜朗だが卒業が近づいても産経新聞社からは何の連絡も来ない。

〝おかしいなと思って問い合わせてみると、人事担当者に「水野社長はそう言ったかもしれないが、うちは経営再建中で新人の採用予定はない」〟

しかし森喜朗はこんな態度をとるのである。

〝カッときた。思わず「天下の水野成夫がうそをつくとは何だ」とかみ付いた。〟

めげないというか、図々しい。

〝しばらくして「採用試験をやるから受けろ」と連絡があった。私は「試験をやって、その成績が悪いのを理由に採用しないつもりだな」と思ったので「試験は絶対に受けない。水野社長との約束を守ってほしい」と言い張った。〟

すごい、すごい。「試験をやって、その成績が悪いのを理由に採用しないつもりだな」っていう部分、何度読んでもすごい。そして、

〝しかし、担当者が「試験を受けないと採用しない」と言うので、仕方なく試験は受けた。試験では白紙の答案を出し、最後に「天下の水野社長は前途有為な青年をつぶしてはならない」と書き加えた。〟

いったいこのタフさはなんだ？

〝どうなることかと思ったが、間もなく産経から正式な採用通知が来た。〟

ここまで堂々とコネを自慢し、己の成績の悪さを少しも反省していないことに圧倒され

る。

その悪運もすごい。

初出馬は1969年（昭和44年）。森喜朗は無所属新人という立場。しかし森喜朗の出馬表明後に2人の現職が病気で相次ぎ引退表明をする。なんという悪運の強さ。当時32歳の森喜朗のキャッチフレーズは「若さ、知性、実行力」。コネ入学なのに知性を訴えるハートの強さ。

選挙中にはこんな「神風」も吹いた。選挙資金がなくなりかけたが自宅近所が火事になり、見舞いの酒をお金に替えて選挙資金ができたのだ。森はこのエピソードをいろんな本で語っているからよほど嬉しかったのだろう。「ラッキー喜朗」である。

国会議員になってもラッキーが続く。派閥「清和会」でのライバル加藤六月が離党したり（小沢一郎と「新団体」旗揚げ）、めんどくさい強敵が一気に自民党から消えた。

そして何と言っても究極の悪運の強さは「タナボタで総理になった」ことである。2000年4月に小渕首相が突然倒れ復帰困難となる。急遽、自民幹部の話し合いで森喜朗が総理に選ばれた。「五人組の密室談合」と批判されたが、これは半径10メートル以内では絶大な支持を受ける森喜朗の総決算である。

総理は1年ほどで辞任。しかし森喜朗が信じられないほど国民の不満を集めたために「自民党をぶっ壊す」と宣言した小泉純一郎の人気が一気に爆発した。小泉のあとも福田康夫、安倍晋三と清和会出身の総理が今も続く。

自分の不人気をきっかけにして、所属する清和会の天下を築き上げてしまったのだ。だから森喜朗の権勢は今も続くのである。

最近のニュースを見るたび2020年の東京五輪の大会組織委員長はなぜ森喜朗なんだ？ 国民の誰が納得してるんだ？ そもそもなぜ森喜朗はエライのか？ と多くの人が思うはずである。グーグルでも「森喜朗」と検索すると関連用語で「なぜ」と出てくる。みんな疑問なのだ。

しかし森喜朗の人生を調べてみるとわかる。コネに照れない図々しさと悪運の強さでトップに立ってしまったのがその正体なのである。

■「安倍マリオ」とは何だったのか

2016年8月。リオ五輪の閉会式に出現したあの「安倍マリオ」。次回開催地・東京のPRショーで、ドラえもんやキャプテン翼など日本アニメのキャラクターが共演。そして渋谷のスクランブル交差点からリオのマラカナンスタジアムに「マリオ」が瞬間移動する演出の後、安倍晋三首相がマリオに扮して登場した。

もう多くの人はどうでもいいことかもしれないが、私が想像したいのはあの日、あの現場での暗闘のことである。

「安倍マリオ」登場の瞬間、スタジアムは盛り上がっていた。しかしあの場所で一人だけ悔しがっていた人物がいた。小池百合子である。

小池氏は東京都知事としてキンキラキンの着物で意気揚々と乗り込んでいった。しかし最後は安倍マリオに話題を持っていかれた。目立つ気マンマンだった新都知事が悔しく思わないわけがない。キーッとならないわけがない。

小池氏が都知事に当選後、安倍首相は自民党にケンカを売った形の小池氏に「一本とられた」とコメントした。しかし安倍マリオを仕掛けられた小池氏の胸中もまた「一本とられた」ではなかったか？

あれは当てつけ、というのは私の想像だった。しかし、もしかして？ と思ったのは「安倍マリオの発案は森喜朗（組織委員会会長）」と報じられたからである。

森喜朗と小池百合子は以前から仲が悪いことで有名だ。となると森喜朗が「安倍マリオ」を思いついた時期はいつなのだろうか。もし、小池百合子が都知事選に色気を見せ始めた6月以降に思いついたなら、森喜朗演出には〝意味〟がつき始める。

そう、「小池百合子がリオ五輪の閉会式で目立つくらいなら安倍ちゃんを出そう」という思惑はなかったか？　森喜朗が口を出したならそこまで考えなければならない。森が提案した時期によっては一気に「安倍マリオ」はキナ臭いゴシップになるのである。

閉会式から5日後の『東京新聞』（8月27日）には、マリオを登場させるアイデアは4月頃までに固まっていたとある。同じ時期に安倍首相の配役が決まっていたのなら「小池百合子潰し説」の可能性は消える。なぜなら当時の舛添都知事のスキャンダルはまだ出ていないからだ。

では肝心のマリオ役はいつ決定したのだろうか。

『日刊ゲンダイ』（8月26日）に官邸記者のコメントがあった。

〝安倍さんは閉会式について1カ月以上前から、超極秘で電通と打ち合わせをしてきました。実際、7月13日には東京・東新橋の電通本社を訪れている。〟

記事通りなら7月13日にはマリオは安倍首相で決まっていたことになる。ちなみに「首相動静」（朝日新聞）を調べてみると、7月13日は午後2時47分から「東京・東新橋の複合施設『カレッタ汐留』。電通で海外広報戦略の説明会。4時23分、官邸。」とたしかにある。

この翌日の7月14日に都知事選が告示された。有力候補は「小池・鳥越・増田」の3氏。この周辺の日付は森喜朗に「リオの小池百合子への刺客」案が浮かんでいてもおかしくない日程である。

私の見立てがいよいよ当たっているかもしれないと思ったのが次だ。9月10日の『日刊スポーツ』。

《安倍マリオ　当初候補はアスリート　3週間前に急きょ》

〝8月のリオデジャネイロ五輪の閉会式で行われた、東京五輪へのハンドオーバーセレモニーでサプライズ登場した安倍晋三首相が、本番約3週間前というギリギリで決まっていたことが9日、分かった。演出を手がけたクリエーティブディレクター佐々木宏氏が都内で会見し、明かした。〟

さり気なく報じられていた記事だが、私は静かな興奮を覚えたのである。もう少し記事を引用してみる。

〝当初はアスリートが候補者だった。現役、引退選手の中から「マリオに似て、ひげが似合い、小柄で俊敏性のある選手を探していた」。〟

ああ、最初はやっぱりアスリートで探していたのだ。

というのも過去の引き継ぎ式では、世界的なスーパースターに次の開催都市の「顔」を委ねることが多かったからだ。最近ではデービッド・ベッカム（ロンドン）、ペレ（リオ）が登場している。この流れでいくと東京も著名なアスリートがマリオ役で出てくるはずである。しかし登場したのは安倍首相だったから、政治家という生臭さに賛否も起きた。

このあたり、『日刊スポーツ』によれば「7月になっても見つからず『一般人でもいい』と焦りが生じてきた時、大会組織委員会の森喜朗会長のアイデアで、安倍首相の名があがったという」のだ。

なんと7月に入っても誰がマリオをやるか決まっていなかった。その結果「本番約3週間前」に「森喜朗会長のアイデア」で、安倍首相になった。

閉会式は8月22日（日本時間）だから、3週間前というと8月1日になる。

リオ五輪の閉会式に行く人物は「小池百合子・新都知事」が決定していた。

こうして時系列を整理してみると「小池が閉会式で注目を集めるくらいなら、安倍ちゃんを登場させてしまえ」と森喜朗が考えてもおかしくないのである。

発案した時期は新聞各紙を調べてみると先述の「7月13日には決まっていた説」と「本番3週間前の8月1日」となる。かなり興味深い日程だ。

さて、ここまで書いてある「イヤな予感」がふと浮かんできた。

もしかしたら、あのマリオは森喜朗自身がやりたかったのでは？　と思えて仕方ないのだ。冗談で言っているのではない。元自民党の山口敏夫氏が森喜朗の手法について、私に直接語ってくれたことがある。

〝例えば五輪の組織委員会の会長になるにも、最初に民間人がいいよと発言をしたのは森喜朗なんだよ。それで、そのAさん、Bさん、Cさんを一生懸命、森が「俺が口説くから」と言って口説いたんだよ。ところが口説かれてる相手は、「あんたがやりたいんでしょ?」と、みんな分かるわけだよな。〟(2015年12月・プチ鹿島メルマガ)

つまり、自分が話を持っていくことで「いやぁ、私なんてとてもとても。森さんが適任ですよ」という返礼を利用して、まんまと会長の座に「皆に推されて」就いたというのだ(そういえば首相就任時もそんな感じだった)。

今回も同じように安倍首相に話を持っていった森喜朗は「怪しい」。さすがにそれは日本中の批判を浴びると感じた首相が渋々引き受けた可能性も十分にある。

安倍マリオは小池百合子潰しであり、「森マリオ」潰しでもあった。

信じるか信じないかはあなた次第。

この章を読んでいただくと、「森喜朗」だけでいくらでも見立てができるのがわかっていただけたと思う。

第6章
ネットの「正論」と「美談」から新聞を守れ

政権のメディア・コントロールに屈するな

■「文春砲」の炸裂はテレビ・新聞が弱体化した表れ？

２０１６年のスクープ報道は、まさに『週刊文春』の独走態勢だったと言ってもいい。ベッキーのゲス不倫や、元少年Ａの直撃取材、ショーンＫの経歴詐称など、これまでならスポーツ紙が追いかけていたであろう下世話な話題はもちろん、甘利大臣（当時）の収賄疑惑や、舛添都知事（当時）の公用車別荘通いなど、本来は一般紙が頑張って報じるべき硬派な政治スキャンダルも、ごっそり『文春』が手柄を持っていった印象がある。後を追うように、『週刊新潮』もＳＭＡＰ解散や乙武洋匡の不倫などで猛追を見せた。結果的に、同じ旧メディアでも、週刊誌の再興と、テレビ・新聞の弱体化がきわだつ1年だったと言える。

『文春』が甘利大臣の収賄疑惑をスクープしたとき、『日刊スポーツ』の匿名コラム「政界地獄耳」に**《政権は雑誌を侮ったかな》**（２０１６年1月26日）が載った。

テレビは官邸の圧力に屈してキャスターやコメンテーターを替えて白旗を上げた。新聞も編集幹部らが相変わらず首相との懇談や食事会に馳せ参じている。軽減税率導入で厳しい原稿は書けない。そうやってテレビや新聞が骨抜きにされているうちに、その間隙を縫って雑誌が政権を揺るがしている。本来、新聞がやらなければいけないことを、『文春』や『新潮』がやっている。食事会に行くのはいいが、それで腰砕けになってしまうのはいかがなものか。

おおよそ、そういった内容であった。まさにその通りだと思う。

メディアの人間や記者が首相と食事をするのは私は別にかまわないと思う。実際に近づかなければわからない面もあろうからだ。ただ首相に対してそのあと遠慮が出なければという条件で、である（こんなのわざわざ書かなくてもいい「条件」なのだが）。

安倍首相はメディアに対して積極的に「ツッコミを入れる」人だ。歴史を見ればわかる。今から10年ちょっと前にこんな報道があった。ＮＨＫが２００１年に放送したＥＴＶ特集シリーズ「戦争をどう裁くか」の第2夜「問われる戦時性暴力」の内容をめぐって、当時の経済産業相・中川昭一と内閣官房副長官・安倍晋三がＮＨＫ上層部に政治的な圧力をかけたのではないかと、２００５年に『朝日新聞』が報じたのだ。

当時、安倍氏が『朝日新聞』に寄せたコメント（２００５年1月18日朝刊）を抜粋する。

〝偏っているという報道と知るに至り、NHKから話を聞いた。中立的な立場で報道されなければならないのであり、反対側の意見も当然、紹介しなければならない。時間的な配分も中立性が保たれなければいけないと考えている、ということを申し上げた。国会議員として当然、言うべき意見を言ったと思っている。〟

あれ、どこかで聞き覚えはないだろうか。「中立性を保て」という主張。

2014年11月、安倍首相がTBSのニュース番組に出て「街の声」が偏っているとイラッとした件や、同時期の衆議院選挙のとき、自民党から在京のテレビ局に送られた「公平中立に報道すべき」という要望書の言い分と同じ。

つまり、安倍首相は一貫して「芸風」は変わっていないのである。そして、第二次政権になってからメディアへの近づき方はますます巧妙になった。NHKの会長に自分と距離が近い籾井勝人が就任した。いわば、直接介入ではなくシステムから変えさせようという形だ。

これに関しては2014年に出版された『NHKと政治支配 ジャーナリズムは誰のものか』(飯室勝彦・現代書館)がわかりやすい。著者は『東京新聞・中日新聞』の元新聞記者である。

〝ジャーナリストとしての使命感を抱く人たちが担うマスメディアは、権力にとってしばしば敵となる。権力側はそれを排除するか粉砕しようとする。それが難しければ懐柔するか、強権を使って服従させようとする。あるいは制度を巧みに利用して自らのシステムに組みこもうとする。安倍氏が選んだのは「システム組み込み」だった。〟

そして安倍首相が「システム組み込み」の手法を使った背景には、2001年のNHKの番組改変問題があると書く。

〝この手法を使った背景には十三年前の苦い経験があった。従軍慰安婦問題に関わる番組の内容について非公式に介入し、圧力をかけてメディアや世論から厳しく批判されたことだ。政権の座について公式な権力を握った安倍氏は、同じ轍を踏むことなく、人事権という法的制度を生かしてNHKを支配することにしたのである。〟

それまでは直接的にツッコミを入れていたのを今度はシステムを利用したのだ。より高度に、巧妙になった。そうなると、ここで問われるのはマスコミの側ではないか？

言ってみれば、安倍首相の気質はもう変わらない。だったら、報道する側の腹のくくり方が問われるだけなのである。

評論家の田原総一朗氏は「マスコミに迫力がなくなったことで、政治権力につけこむスキを与えている。」「いまはみなが萎縮して報じないことで、政治権力がどんどんつけこんでくる。そんな悪循環が起きている。」（2015年4月17日・ブロゴス）と述べている。

やはり、「送り手」（メディア）側の度量が問われている。

新聞よ、弱体化したなんて言われて悔しくないか。週刊誌にスクープを好き放題にとられて悔しくないか。

そして、「受け手」の我々の注視や叱咤激励も必要なのだと実感する。

■「親しき仲にもスキャンダル」を忘れるな

そもそも権力側がメディアを巻き込み懐柔させようとするのは、言ってしまえばいつの世も当たり前のこと。

何度も言うが、それよりも問題はメディアの内部がそれに対して戦う気概を持つかどうか。

たとえば、NHKの国谷裕子キャスターが2016年3月で『クローズアップ現代』を降板することが発表された際は、官邸の意向を反映して籾井会長が指示したのでは？　と一部で報じられた。

私はコラムで次のように書いた。

〝NHKの会長と言えば歴代にもキャラが強い人はいた。「シマゲジ」（島桂次）、「エビジョンイル」（海老沢勝二）というニックネームでマスコミで呼ばれた。おそらくNHK内で言われていたのだろう。

ところが彼らにも負けないキャラであるはずの籾井会長のニックネームがいまだに伝わってこない。マスコミで言われていない。それほど嫌われているのか、それとも陰口でも口に出してはいけない雰囲気があるのか、NHK職員にはぜひ現場の様子をリポートしてほしい。〟

ここまでは前フリである。

〝そういえば「クローズアップ現代」の国谷裕子キャスターの降板がわかったとき、**《クロ現を担当する大型企画開発センターは続投を強く求めたが、上層部は「内容を一新する」という方針を昨年末に決定。》**（1月8日・朝日新聞デジタル）という情報もあった。現場では支持されているのに「上層部」ではいったいなにがあったのか。ぜひ真相をリポートしてほしい。〟（2016年2月25日「プチ鹿島のソースは東スポ！」）

すると、NHK方面の方からメールをいただいたのだ。メールには次の記事のリンクが貼られていた。

《NHK「クロ現」国谷キャスター降板と後任決定の一部始終》
川本裕司——朝日新聞記者、WEBRONZA　2016年2月13日

どうやらこの記事が正解らしいのだ。要点を引用する。

・続投を強く希望した番組担当者の意向が認められず上層部が降板を決断した背景には、クロ現をコントロールしたいＮＨＫ経営層の固い意思がうかがえる。
・あるＮＨＫ関係者は「経営陣は番組をグリップし、クロ現をコントロールしやすくするため、番組の顔である国谷さんを交代させたのだろう」と指摘する。
・その伏線となったのは、２０１４年7月3日、集団的自衛権の行使容認をテーマにしたクロ現に菅義偉官房長官が出演したときの出来事だった。菅長官の発言に対し「しかし」と食い下がったり、番組最後の菅長官の言葉が尻切れトンボに終わったりしたためか、菅長官周辺が「なぜ、あんな聞き方をするんだ」とＮＨＫ側に文句を言った、といわれる一件だ。
・複数のＮＨＫ関係者によると、黄木紀之編成局長がクロ現を担当する大型企画開発センターの角英夫センター長、２人のクロ現編集責任者と２０１５年12月20日すぎに会った際、国谷さんの3月降板を通告した。「時間帯を変え内容も一新してもらいたいので、キャスターを代えたい」という説明だった。
・センター側は「国谷さんは欠かせない。放送時間が変われば視聴者を失う恐れがあり、女性や知識層の支持が厚い国谷さんを維持したまま、番組枠を移動させるべきだ」と反論した。しかし、黄木編成局長は押し切った。過去に議論されたことがなかった国谷さんの交代が、あっけなく決まった。
・国谷さん降板を聞いたNHK幹部は「官邸を慮《おもんぱか》った決定なのは間違いない」と語った。
・クロ現のある関係者は「降板決定の背景にあるのは、基本的には忖度だ。言いたいことは山ほどある」と憤りを隠そうとしない。

いかがだろうか。NHKの現場サイドは戦おうとしていたが、その上が「忖度」してしまったのが真相だという。権力が直接介入せずとも「システム組み込み」がまんまと功を奏した形だ。これでは現場のスタッフもやりきれない。

安倍政権のメディア対応の特徴はまだある。ときどき、新聞社への1紙単独会見を行い、それを各紙持ち回りでやるのだ。そこで一面トップの見出しになるようなことを言うと、他紙が後追いして既成事実になる。実にメディア・コントロールがうまいのである。そうなるとマスコミの側が問われる。食事会に行ったり、単独会見でネタをもらったりしてもいいが、だからといって手なずけられてしまっては元も子もない。

『週刊文春』の新谷学編集長は、自分が永田町で「親しき仲にもスキャンダル」というスローガンで恐れられていることを明かしている。政府高官とは食事もするし仲良く付き合いもする。しかし、ひとたびスキャンダルをつかんだときは容赦なく報道するという姿勢を崩さないという。甘利大臣の収賄スクープの際は、親しくしている政府高官から「今はTPP締結の重要な時期。今だけは見逃してやってくれ」と言われたが、意に介さずにすっぱ抜いて呆れられたというエピソードを語っている。

必要なのは、この「親しき仲にもスキャンダル」の姿勢ではないか。『文春』のこの姿勢は斬新でもなんでもない。マスメディアとして普通だろう。しかしこの姿勢が珍しいかのような現状はやっぱりヘンである。

紙とネットの温度差が悲劇を招いている

■スポーツ紙のオコエ瑠偉報道に起きた〝人種差別批判〟

同じ新聞記事でも、読み方や読むタイミングは人それぞれ。たとえば、紙の新聞をわざわざわざ買って読む層と、ネットニュースとして配信された記事でたまたま目にする層では、同じ記事でもまったく読み方が異なる。今の時代では当たり前のことだが、この読者層の違いによって絶望的な温度差が生じてしまうことも起きる。ここではそんな例を紹介しよう。「オコエ瑠偉」に関する報道である。

オコエ瑠偉とは、2015年当時の高校野球で、関東第一高校の3年生だった選手。父がナイジェリア人で母が日本人である彼の俊足は圧巻であり、その実力とスター性は早くもその秋のドラフト候補として話題だった。

そんな彼は2015年の夏の甲子園大会で大活躍、初戦では二塁打、三塁打を連発した。なにしろ、センター前ヒットを二塁打にしてしまうという驚異の足の速さなのだ。グラウンドを疾走する姿に多くの観客は魅了された。

私は初戦翌日のスポーツ紙にすべて目を通したのだが、『スポニチ』と『サンスポ』が一面、『スポーツ報知』も裏一面で、このオコエ瑠偉の活躍を大きく伝えた。早実の清宮幸太郎に匹敵する〝今後のオヤジジャーナルを背負う逸材〟の誕生であった。

ところが、その報道の翌日。ツイッターでオコエ瑠偉に関する記事を問題視するツイートが回ってきた。『スポーツ報知』が報じた、以下のような表現が批判されていたのである。

「オコエ瑠偉外野手（3年）が、野性味を全開させた」
「真夏の甲子園が、サバンナと化した」
「オコエは本能をむき出しにして、黒土を駆け回った」
「味方まで獲物のように追いかけた」
「飢えたオコエが、浜風をワイルドに切り裂く」

これらの表現が、ツイッターで「人種差別」だとして非難されていたのだ。「ナイジェリア人の父を持つオコエ瑠偉選手（関東第一）についてのスポーツ報知記事が人種差別すぎる件」というまとめサイトの記事や、「オコエ瑠偉選手を『野性味全開』『本能むき出し』スポーツ報知の記事に批判」という『ハフィントンポスト日本版』の記事も作成された。

ちょっとツイッターの意見を引用してみよう。

〝スポーツ報知の記事がすごい。関東第一のオコエ選手の活躍に関する表現。「真夏の甲子園が、サバンナと化した。オコエは本能をむき出しにして、黒土を駆け回った。」って、おい、なんだそれ〟

〝タイトルからもわかるようにオコエ選手の父親がナイジェリア人であることと彼の身体能力や活躍を結びつけるあかんすぎる記事〟

〝なんで父親がナイジェリア人ってだけで、こんな書かれ方されなきゃならんのだ。記者の見識を疑う〟

〝「サバンナと化した」「本能をむき出しにして」←この表現を彼のルーツであるナイジェリア人に見せたら大笑いされるだろう。だってナイジェリアにサバンナはないから。アフリカを馬鹿にしている〟

〝アフリカ＝サバンナ、動物的という偏見に満ちた書き方。ナイジェリアのラゴスって都市圏人口2000万を超える世界9位の大都市やし、国内には100万都市がいくつもあるねんけどなー〟

私はなんとも言えない気分になった。というのも、同じ『スポーツ報知』の記事を、私は何の気なく普通に読んでしまっていたからである。私は差別主義者なのだろうか。

■愛称〝チーター〟の前提が共有されていなかった悲劇

ひとつ言い訳をさせてもらうなら、私はオコエ瑠偉の愛称が「チーター」であることを知っていた。チームメイトが名付けた愛称として、スポーツ新聞では地方大会の頃から報じられていたのである。そして、その颯爽としたスピードスターぶりを表現するにはピッタリの愛称だとワクワクしていた。

たとえば、『スポーツ報知』が批判された同じ日の『日刊スポーツ』では、『チーター』オコエが、迷わず一塁ベースを蹴る」とか、「打席に入る前は2・0以上ある視力で外野の守備位置を確認しスキがあれば次の塁を狙う。こんな姿勢が『チーター』と呼ばれる理由だ」と書かれている。

先ほど引用したツイートには、「この表現を彼のルーツであるナイジェリア人に見せたら大笑いされるだろう。だってナイジェリアにサバンナはないから」というものもあったが、「チーター」という愛称の由来を踏まえて読めば、チーターこそサバンナに生息する動物であり、特に不自然ではない表現ということになる。

オコエの愛称が「チーター」である、という前提がすでに頭の中にあったので、私は『スポーツ報知』の表現にも特に問題を感じず、普通に読めてしまったのだ。

オヤジジャーナルの売りのひとつは「大仰さ」であり、その所作を楽しむことが楽しみ方でもある。その大仰さとはある意味「古さ」なのかもしれない。古さという表現が失礼なら、伝統的な所作と言おうか。歌舞伎役者の見得を楽しむような感覚だ。

でも、たしかに「チーター」の愛称を知らない人が、『報知』のあの記事を読んだら、オコエの「俊足」ではなく「出自」を大仰に書いていると思ってしまう可能性は高いだろう。紙の新聞を買って読む層と、ネットで出会い頭に記事を読む層との温度差が、ここにどうしても生じてしまうのである。

もしも今回の『スポーツ報知』に落ち度があったとすれば、みんながみんなオコエ瑠偉の愛称を知っているわけではない、ということを忘れていたことだろうか。文中に愛称のことを一筆入れておくべきだったかもしれない。

それでも、「いや、オコエ瑠偉をチーターと呼ぶこと自体がすでに人種差別だ」と言われたら、どうしよう。出自や肌の色でなく、その俊足ぶりを「チーター」と呼ぶことすらアウトなら、グラウンドを縦横無尽に疾走する姿を地方大会から追いかけてワクワクし、ラジオ番組で「オコエになってみたい。チーターかっこいいなあ」とすっかり憧れて話していた私も、謝るしかない。名付け親のチームメイトとともに。

この騒動のあと『スポーツ報知』は該当するネットの記事を取り下げた。問い合わせた『ハフィントンポスト日本版』の取材に対しては、「記事へのご批判があった事実を真摯に受け止め、今後の報道に生かしたいと考えます」とコメント。何も弁明はしていない。

今回私がここで書きたいのは、スポーツ新聞の擁護ではない。同じ記事でも、スポーツ新聞を当日に買って読む人と、ネットで流れてきたものを何気なく読む人では決定的な違いがあることに注目したいのだ。わざわざ買って読む人は選手のニックネームやスポーツ新聞の大仰な表現を味わう所作はわかっていても、たまたまネットで見かけた人は前提を知らずにギョッとする場合もある。その温度差。新聞は紙だけの時代ではなくなったことをあらためて痛感する例だった。

スポーツ新聞の大仰芸とポリティカル・コレクトネスの予期せぬ出会い

■「日本出身力士」という表現の違和感

オコエ選手の件は、「チーター」という愛称が前提の表現を「人種差別」と断じてしまうのは、いささか勇み足ではなかったかと思うが、たしかにスポーツ新聞の論調はおじさん向けで「ベタ」がゆえに、ときどき危なっかしい表現になることがある。

2016年の大相撲初場所では、大関の琴奨菊が初優勝というニュースがあった。ちょうどこの頃は、1月13日に勃発したSMAPの解散報道が連日一面で続いていたときだった。たとえば『日刊スポーツ』『スポーツニッポン』はSMAP一面が「12日間連続」。ようやくそれが止まったのが、琴奨菊の初優勝だったのである。その歴史的な見出しを見てみよう。

《SMAPから1面奪った!! 琴奨菊》（1月25日・日刊スポーツ）

からだ。

《SMAPより琴奨菊》(同・スポーツニッポン)

「1面奪った」もなにも報じる側の気持ちひとつだと思うのだが、それほど琴奨菊のインパクトが大きかったのだ。その理由は初優勝とともに日本出身力士が10年ぶりに優勝したからだ。

ただ、この「日本出身力士」という言葉が耳慣れなかった。モンゴル出身の旭天鵬(現大島親方)が、日本国籍取得後の2012年夏場所に優勝を達成しているから、琴奨菊を「日本出身力士」と表現して大報道となったのである。

そのあと、ああ、やっぱり反響があったのか、と思う記事を見つけた。

2月17日の『朝日新聞』「声」欄で、1月末の読者投稿『「日本出身力士」強調はおかしい』があらためて紹介されていたのだ。

〝大相撲初場所で琴奨菊が優勝し、「10年ぶりに日本出身力士が優勝」と大きく報道されました。事実には違いありませんが、その間に優勝した力士たちの努力や栄誉への敬意を欠くと感じるのは私だけでしょうか。(略)ことさらに日本出身力士であることを重視するのならば、それは国粋主義以外の何物でもありません。〟

この日は、この投稿を読んだ人たちの声を紹介していた。「一種の差別、琴奨菊にも失礼」という声、「国粋主義以外の何物でもないと言われると当惑を感じる」という声。いろんな反応があった。

私もこの件についてはザワザワしていた。私は最初に好きになったおすもうさんは高見山で、そのあとは小錦を応援し、若貴ブームのときは曙を応援していた。小錦や曙はなぜか敵役とされていたし、少数派の外国人力士が不憫という私なりの判官びいきだった。でも今では「外国人力士」という意識があまりない。それほど多くの人が活躍しているからだ。

そんな私だけど琴奨菊の優勝で「へー、日本人の優勝は10年ぶりなのか。すげーな」と単純に驚いた。10年ぶりという数字の大きさに感心した。

でもそのうち「日本へ帰化した旭天鵬が2012年に優勝している。それを省くのか」という言説を知るにつけ、「あまり人前で感心するのはやめとこう」と思うようになった。日本バンザ〜イとひたすら大声で騒ぐ人と一緒と思われたらめんどくさいという気分があったからだ。

しかしこうも思ったのである。「日本出身力士、２場所ぶりに優勝」とか「4か月ぶりに優勝」と騒ぐのなら警戒するが「10年ぶり」というのはトピックとしてはやっぱり大きくないだろうか？ と。報道する側がこの数字を無視したらヘンな気がする。

要は程度の問題なのだろうが、このとき思い出したのが米大統領選の共和党候補の一人であるドナルド・トランプだった（この10か月後に大統領選に勝利）。

政治的・社会的に公正で適切な言論（ポリティカル・コレクトネス）を求められる時代にはうっかりしたことは言えない。世の中が必要以上に「これ言うのやめとこう」と遠慮したとき、トランプのような極論を叫ぶ人が出てきたら「よく言ってくれた」と溜飲を下げてしまう人がいるのだろう。そうなると一気に排外主義に走り、差別が許されてしまう。これは怖い。

「日本出身力士」という過度なこだわり、一方で「10年ぶり優勝」というニュースバリューをどうするか。このふたつのバランスをめぐっていろいろ考えた件であった。

当の琴奨菊は2月16日の日本記者クラブの会見で「同じ釜の飯を食べて頑張ってきているので、私たち力士の方は冷静。全くそういう（日本人と外国人を区別するような）気持ちはない」と発言した。

そうそう、普通に、冷静に。

思い出した。琴奨菊が土俵入りのとき紹介されるのは「日本出身」ではなく「福岡県出身」だ。小錦も「アメリカ出身」ではなく「ハワイ・オアフ島出身」だった。国ではなく故郷。アッと思った。

正解はもともと館内放送にあったのである。

■「芸風」先行の危険性、「芸風」が通用しない閉塞感

気を付けなければいけないのは、新聞社自体がみずからの「論調」に引きずられてしまうことだ。もともとはその媒体の「論調」が好きな読者が集まってきていたはずが、やがていつの間にか、その読者が喜びそうな方向に論調のほうを寄せていってしまう傾向も少なくない。「論調」が先か、「読者」が先か、わからなくなってしまうのだ。

前章で取り上げた『朝日新聞』の「吉田調書」事件にしても、社長会見では原因を「思い込みやチェックの甘さ」と語っていたが、「思い込み」とは、厳しくツッコんで言えば「自分の思想や主張通りに読者を誘導しようとした」ということでもある。いや、読者が

喜ぶような方向に事実を寄せていってしまった、とも言えるかもしれない。

「吉田調書」が話題になっていた頃の『朝まで生テレビ！』では、「事実よりも自分たちのスタンスが先にある。そのスタンス先行で記事を書いてストーリーを書いていくから事実のつまみ食いが起きるのでは」とか、「事実の検証よりもイデオロギーのほうが優先してしまう。それが行き過ぎたキャンペーンになるのでは」などとの指摘があった。

『朝日』を笑ってばかりはいられない。

昨今は新聞記事の多くがネット配信される時代だ。たとえば『ヤフーニュース』は、たくさんの数の新聞社や雑誌社からのニュース記事を集めて配信するポータルサイトとして機能している。ネットユーザーは「あの記事、ヤフーニュースで見たな」という認識でしかなく、その配信元が『時事通信』なのか『産経新聞』なのか『日刊ゲンダイ』なのか、いちいち確認していない人もいると思う。

ひとつひとつのニュース記事が、文脈や前提から切り離されてネットに流れてしまう。「産経がまた吠えてる」「辛口のゲンダイ師匠」という前提の楽しみ方は受け取ってもらえず、すべてがフラットな情報として読まれてしまう。

いわゆるポリティカル・コレクトネス（政治的公正さ）的な配慮があまりにも厳密にな

りすぎると、表現から文脈や前提が失われ、たとえばオコエ選手の俊足を評したニックネーム（チーター）をそのままふくらませた表現が通用しなくなる恐れもある。

その結果、「何を言われるかわからないから、様子見で黙っておこう」という自粛・無難の風潮が蔓延してきているのが最近だろう。だからこそ、だからこそトランプのような人に惹き付けられてしまう人たちが出てくるのではないか。

新聞によって論調や個性が偏っているからこそおもしろかったはずが、ネットではその機微が通用しなくなっている温度差を感じる機会が増えた。これに関しては、炎上や社会問題が相次ぎ、しばらくは難しい時代が続くだろう。

「半信半疑力」を鍛えて陰謀論に流されるな

■真相はしょぼかった『FLASH』発売中止騒動

2014年に起きた『FLASH』の発売中止騒動を覚えているだろうか。9月9日発売号が、何らかの理由により発売中止になるというニュースが、前日の8日になって流れたのである。

『FLASH』は毎週火曜発売の雑誌だ。私は、YBSラジオで『プチ鹿島の火曜キックス』という午後の3時間半のワイド番組を担当しているため、毎週火曜は山梨へ通っている。その日の朝も、山梨へ向かう電車の中でツイッターを見ていたら、「発売中止のはずの『FLASH』が普通に近所のコンビニで売っていた」というツイートが流れてきた。

「へえ、そんなことあるんだな」と思い、試しに甲府駅に着いてキオスクをチェックしてみたが、やはりどこにも置いていない。それでも万が一と思い、甲府駅前のファミリーマートに入ってみたら、『FLASH』が当たり前のように置かれていたのだ。

山梨がゆるいのか、回収指示が行き届いていなかったコンビニがゆるいのか、そのどちらかはわからない。いずれにしても私はうっかり発売中止のはずの雑誌を手に入れてしまった。

さっそくどの記事がアウトで発売中止だったのかを検証することにし、ラジオのオープニングで話すことにした。まさに生放送の醍醐味である。つい1時間ぐらい前に自分に起きた奇跡と、その日の時事ネタをミックスしてしゃべれるのだから。我ながらゴキゲンなラジオをやらせてもらっているなと思う。
さて、気になる発売中止の原因だが、「アウト」となった最大の候補と言われるのは**《海外セレブ美女プライベートSEX写真スキャンダラス流出!!》**という袋とじの記事だった。次の報道があった。

〝写真週刊誌「FLASH」を発行する光文社は8日、今日9日発売の同誌9月23日号の発売を中止すると発表した。(略)関係者によると、計8ページの袋とじ特集「海外セレブ美女プライベートSEX写真スキャンダラス流出!!」が問題になったという。(略)本人の許可を得ずにヌード写真などを掲載した場合、多額の損害賠償を請求される可能性がある。このため、回収費用を払った上で販売中止することを選択したとみられる。〟(2014年9月9日・日刊スポーツ)

実際の記事の見出しを見ると、**《全米震撼》《日本よ、これが史上最悪の流出だ》**と、いたってのんき。そして「本誌では件の裸体画像をいち早く入手」と煽っている。これ、中身はネットで流れている流出画像をそのまま載せているだけ。ネットでもダメだろうが、紙媒体でやってしまうのはさすがにまずかったのだろう。

フタを開けてみれば、「セレブの裸を勝手に載せたらとんでもない賠償金を要求されると気付いたから」という実にマヌケな発売中止理由だったわけだが、最初に「発売中止&回収へ」と聞いたときは、いったい何があったのだろうとザワザワしたのも事実だ。だって、記事の謝罪などではなく、雑誌自体の発売中止なんて、よっぽどの異常事態だからだ。

世間の人々も同じように感じたのだろう。発売中止が発表されたときからツイッターでは、予告されていたいくつかの見出しを挙げて「権力から圧力がかかったのでは?」と陰謀を指摘する声もあった。

たとえば、**《反原発ディレクター衝撃の自殺! テレ朝が古舘伊知郎を見限った》**という記事予告。見出しだけ見れば、なるほど気になる記事だ。

実際、ツイッターなどでは「反原発の取材をしていた人が自殺した↓記者は自殺ではなく〝消された〟のではないか?↓巨大権力はその事実を隠したいのではないか?」という流れで、発売中止&回収の理由を「推測」していた人もいた。

だが、私がその意見に乗れなかったのは、仮に本当にそういう理由なら、発売中止なんてさせたらますますその記事に注目が集まってしまうのでは? という疑問である。私でも思うのだから「ズルい権力者」ならなおさら考えるのではないか。

幸い、私の手元にはたまたま回収されずに入手できた雑誌の「原本」がある。さっそく噂の記事を読んでみた。

すると、該当の記事は見開き4ページなのだが、実はそのうちの3分の2はただの「人事ネタ」であった。その内容は、テレビ朝日の社長が交代したことによって、古舘伊知郎氏を今まで擁護していた人がいなくなった、というもの。ヤバい告発でもなんでもなく、いかにもオヤジジャーナルが好きそうな、よくある記事だ。

では、記事の残り3分の1にあたる「反原発ディレクター」についてはどう書かれていたか。次のような関係者の証言が載っている。

〝とても正義感が強い人で、権力からの圧力をいちばん嫌っていた人。指図されるのが大嫌いで、ニュースは現場で自ら拾う。社会事件が専門で、原発問題ではその後の福島がどれだけ危険か、現地で徹底的に取材をしていた。それだけに〝反原発〟の企画が通らない現状に不満を抱いていた。〟

ここで言う「権力」とは、国などではなく番組上層部のこと。普通に読めばそう受け取れる。「最近は妻と不和だったそうで、彼自身が情緒不安定になっていたんです」という証言もある。

さらに、このディレクター氏がフランスでの現地取材を担当した際、日本から来た古舘&スタッフは長距離を車で移動する予定だったが、土壇場でヘリコプター移動になり、「あのときは疲れたよ」と言っていたという証言が最後にある。

つまり、この特集記事で書かれているのは「反原発ディレクターVS巨大な権力」といった壮大なものではなく、「テレ朝の人事と番組スタッフの不満」という超下世話な内容だったのだ。書かれていることが真実かどうかはさておき、番組の内輪事情が紹介されているにすぎない。

とにかく、ディレクターの自殺の原因が怪しいとか、ましてや反原発問題を扱っていたから何らかのトラブルがあったのでは？　という文脈は一行も書かれていなかった。どこからどう読んでも、この記事が原因で発売中止になるわけがない。

■自分の主義・思想を通したい〝正義の暴走〟が真面目な陰謀論を生む

私が書きたいのは、実はここからである。

この『FLASH』発売中止騒動では、甲府のコンビニでうっかり売っていた原本を、私がたまたま入手できたために実際に自分の目で読むことができた。

しかし、記事の内容を知らず、見出ししか見ていないにもかかわらず、「反原発を扱っていたディレクターが自殺した↓それを扱ったから雑誌が発売中止になったのだ」と真剣に大声で拡散する人が、世の中には結構な数でいたという事実。その厄介さを実感できただけで、今回の騒動は意味があると思ったのだ。

「反原発ディレクターの記事を書いたから発売中止になった」という言説は明らかに間違いだった。しかし、雑誌が回収されてしまい確認しようがないのをいいことに、やろうと思えば自分の主義・思想や陰謀論を安心して主張することができる。「騒いだもん勝ち」の実にアンフェアな手法ではないか。

だが、一方ではこうも考えられる。「FLASHの発売中止は反原発ディレクターの自殺に触れたからだ」と主張する人たちは、狡猾でも巧妙なのでもなく、自分の正義を盲信していただけとも言える。

自分の正義だけに生きる人にとって、雑誌回収という異常事態の原因は、深刻で巨大な陰謀に基づいていなければ納得できず、「ハリウッド女優の裸を載せたから」なんてマヌケな真実であってはならないのだ。

こっそり言ってみるが、こういう問題意識が高そうなふるまいをする人に対し、かえって「意識低い」と思ってしまう場合がある。自分の主張や思想の正しさをみじんも疑わないのだから。そういう「贔屓の引き倒し」みたいな行為は、多くの「ただ事実を知りたい」という中間層の人たちを困惑させるだけだ。

私は野次馬だし下世話だし、陰謀論も大好きな人間だ。でも、そこには「半信半疑」を楽しむ余裕がなければならないと思っている。自分の思想や主張を通すために必死になってしまったら、その瞬間、あらゆる言説はイデオロギーのためのストーリー、運動のための方便に硬直化してしまう。真面目な陰謀論は楽しくない。

『朝日新聞』が「W吉田事件」で失敗を犯したように、スタンスのために事実をねじ曲げてしまうような、思想の暴走は危険である。

■疑うことを楽しむ余裕を持とう

人々が「半信半疑」を楽しめなくなってきたのはいつからだろう。

テレビ局に長年勤める人に尋ねたら、90年代前半までは、スポーツ新聞や写真週刊誌にも「謎の怪魚を発見!?」といった番組の告知記事を載せてもらえたそうだ。それが、ノストラダムスの予言がはずれた1999年頃からだろうか。消費者がムダなものに時間を費やすことを毛嫌いする風潮が高まっていったという。

00年代以降、役に立つ情報でないと「時間を返せ」と本気で怒る人が出てくるようになったという。

『東スポ』が人面魚やカッパ発見のニュースを一面で報じていたのも今は昔。今、人々から求められているのは、川口浩のような探検ではなく、薬物報道などのガチでシビアな探検になってきているのはご存じの通りだ。

人々は、「白か黒か」の答えをすぐに求めるようになり、行間を楽しむ余裕を失ってしまったように思える。

佐村河内守に密着した傑作ドキュメンタリー映画『ＦＡＫＥ』公開時に、監督の森達也さんと話す機会があった。そこで感じたのは、「疑う人」にも二通りいるということだ。半信半疑の特に「疑う」部分が大好きな人。

でも、今の時代は怒りながら疑っている人が多すぎる。

ワクワクしながら疑うのと、「どーせ嘘だろ?」「なぜ真実を報道しないのか」「そんなもの意味ない」と怒りや虚無を前提に疑うのは、同じ「疑う」のでもまったく正反対だ。しかも後者は白か黒かを性急に求めてしまう。

「真実」というより、「真実らしきもの」という考えに広げてみたらどうだろう。見方や角度によってそれぞれ景色が違うからだ。

まず自分の中の「正義」を疑ってみること。そして、疑うことを「楽しめる」感性が、この息苦しい今の社会に必要とされているのではないだろうか。

もっと〝意識の低い〟大人でいいんじゃない？

■〝愛のない正論〟が生むスキのない息苦しさ

マスコミは「美談」が好きだ。オヤジジャーナルならなおさらだ。紙媒体という旧メディアに対し、ネットメディアが台頭するようになって以来、わかりやすい美談はツッコミや嘲笑の対象となるようになった。

だが最近、警戒されているはずの「美談」が、形を変えてすいすいと流通していないだろうか。ここではいくつかの事例をあげて、現代の空気を読み解いていきたい。

最近よく「意識が高い」とか「意識高い系」という言葉を耳にする。正しい意味とは違うかもしれないが、私の解釈では「意識の高い人」とは「不合理を憎む人」のことである。不合理なできごと、特に旧時代的な古さが漂っている話題を見つけると、ＳＮＳですぐさま物申す。

たとえば２０１４年、高校野球の夏の全国大会に関しこんな記事があった。

《春日部共栄 おにぎり作り〝女神〟マネ》（２０１４年8月12日・日刊スポーツ）

〝チーム内で「まみタス」と呼ばれ親しまれるマネジャーは、記録員としてベンチに入った。おにぎり作り集中のため、最難関校受験の選抜クラスから普通クラスに転籍したほどで、「頑張っておにぎりを作ってきたことが報われて、本当にうれしい」と勝利にニッコリ。守屋は「いつも気を使ってくれる。まみタスを日本一の女子マネにしてあげたい」と誓った。〟

「おにぎり作り集中のため、最難関校受験の選抜クラスから普通クラスに転籍した」というこの記事に対して、ネットでは「男尊女卑」「野球部員のために女子マネがなぜ犠牲に？」「美談として記事にするな」など異論反論が殺到したのである。

ここで考えたいのは、高校野球という「大ボケ」案件である。この世界は、不合理と不条理がたくさん詰まった格好のツッコミ案件である。「汗と涙とか、美辞麗句で称賛しているけど、実態は炎天下の中で高校生が酷使されているだけじゃないか」という批判は力強い。ましてや新聞社が主催しているのはどう考えても妙だ。

そう、旧態依然で不合理な高校野球を主催しているのが朝日新聞社（夏）と毎日新聞社（春）という、ふだんリベラルな論調の新聞社であるというのは見事な皮肉である。

実際、近年の高校野球では具体的な改善議論も増えている。投手の連投を阻止するための「球数制限」案や、長い延長戦をやめて選手の健康管理につなげようという「タイブレーク方式」案である。こうした案はどんどん議論されていい。

だが、一方で私は考えたいのだ。高校野球の議論を通じて見える「愛のない正論」というものについて。

中でもいちばん気になったのは、「炎天下の甲子園だけでやるのではなく、大阪ドームでも同時に開催すればよい」という意見だった。炎天下での過密日程、連戦阻止などを一挙に解決する大正論で、それ自体には文句のつけようもない。

しかし厄介なことに、おにぎりマネージャーも含め、「あの甲子園の土を踏みたい」、その思いだけで3年間頑張っている現場の高校生がいるのも事実だ。そんなある日、甲子園にさして愛のない人々による「意識の高い」気付きによって、「このシステムってどうなの？　大阪ドームでやれば？」という正論をぶつけられ、不合理を嘲笑される。彼らがやってきた活動はあっさり否定の対象になる可能性がある。

私は、そっちのほうこそ不合理に感じてしまう。

高校野球は今のシステムのままでいいとは思わない。ただ、そのジャンルに興味のない人の声や、愛のない人の「正論」のほうが世の中を大きく覆ってしまうウルトラ民主主義に、ある種の「冷たさ」ともやもやとした言い知れぬ違和感を抱いてしまうのである。

■〝失言を許さない空気〟がかえってヘイトを生む

また、こんな事例もあった。２０１４年のフィギュアスケートのグランプリシリーズ中国杯で、羽生結弦選手が練習中に他の選手と激突し、負傷したあとに強行出場した事件である。

あの直後、ツイッターでは案の定「なんて危険なことをさせるのだ」「棄権したほうがいい」という声が数多く巻き起こった。新聞でも、『朝日』や『産経』が「美談にしてはならない」という大学教授の意見を紹介し、討論テーマとして真面目に論じ合っていた。

スケート連盟の対応を批判し、ついでに日本のスポーツ界に漂う精神主義や前近代的な匂いに嫌悪感を表明してやれば百点満点といったところか。まるで世の中全体が学級会になったようだった。

だがあのとき、「危ないな、羽生は棄権したほうがいいよな」と思いつつ、いざ本番が始まるや、たまらなく心を動かされてしまった人もきっといたと思う。頭に包帯を巻きながら歯を食いしばり、前をにらんで登場した手負いの羽生結弦選手の顔に、どこかいつもよりもうっとりとした美しいナルシシズムを見出してしまった人は本当に少数だろうか。

なにより私が気になったのは、「負傷してまでせっかく出たのに2位かあ。ちくしょう、羽生が1位になってほしかったなあ！」といったような、「熱い暴論」がほとんど聞こえてこなかったことである。こうした「うかつな言葉」って、ついこの間までもっと世の中にありふれていた気がするのに。

SNSの普及で誰もがフラットに発信できる社会になったことはよいことである。だが、ともすれば「誰かの失敗や失言を息をひそめて待っている空気」や「妙にけん制し合う空気」を感じないだろうか。むしろ、「熱い暴論」や「うかつな言葉」を吐きにくくなり、言論が不自由になってはいないだろうか。

最近、「ヘイトスピーチ」が大きな問題となっている。私はずっと、どうしてああいうものが出てきてしまうのだろうと不思議に思っていた。だが、世の中の言論が「様子見」や「けん制」「予防線を張る」ことですっかり萎縮してしまったのを見て、なんとなくわかった気がする。

ああいった直接的なヘイトを大声で叫ぶ人に対して、「みんなが言えない〝本音〟を言ってくれた」と勘違いして、うっかり溜飲を下げてしまう人たちがいるのではないかと気付いたのだ。失言を許さない社会の空気が、かえって「確信的な失言」に惹き付けられてしまう人々を生んでいるのではないか。

アメリカのドナルド・トランプはこの手法で大統領になってしまったが、戦術として許されることではない。差別に基づいているからだ。トランプの差別発言やヘイトスピーチは許されない。ヘイトスピーチは、マイノリティに対する差別と暴力だ。出自や属性というものに絡めて、その場ではマジョリティの立場にいる人間が攻撃を浴びせる。無知ゆえの恐怖から発生する場合もあれば、「無知ゆえの正義」から発生することもあるだろう。

トランプのように差別用語を発する、それ自体が目的化した時点で、それは本音でも何でもない。ヘイトスピーチをする人々に、それと同じ匂いを感じたのだ。万一、今後トランプが大統領として評価が上がったとしても、始まりは差別発言だったことを忘れちゃいけない。

■美談とヘイトは紙一重である

羽生結弦選手の件を「美談にするな」という声が多かったのは、実際にSNSなどのネット上では、うさんくさい美談が多いせいもあるだろう。「美談」がいかに人を惹き付けるかの証明でもあった。

そこで私は思ったのだが、過剰な「美談」や「いい話」がもてはやされる風潮って、実は「ヘイトスピーチ」がウケてしまう構造と似ているのではないだろうか。

一見、自由闊達な言論の自由があるように見えて、実はお互いに失敗や失言を断罪しようとけん制し合う空気が蔓延しているネット空間。そこで人々は、次第にザワザワしない言葉でお茶を濁すようになる。すると、そういう状況で人々の目を惹き付け、魅了してくるのは、「ヘイトスピーチ」か「美談」なのである。つまり、極端で度を超えたネタ。

ヘイトとは違って、過剰な「いい話」は、たとえそれが嘘であっても直接的な被害者がいない。当事者が「それ、嘘です」と声をあげない限り、どんどん話は拡散されていく。だから、嘘でもまかり通ることになる。

2014年に大きな話題となった佐村河内守問題も、まんまとそこを突いた一件だったと思う。「耳が聞こえないけど頑張っている」「障害を抱えながらも」「広島や東北を思う」といった美談をどんどん乗っけて、その魔法の演出にＮＨＫも民放も新聞も、見事に引っかかったとされた。

だからと言って、「やーいやーい、引っかかった！　お前らの責任はどうなるんだ」とツッコみ、糾弾する気には私はこのときなれなかった。なぜなら、私にも同じ後ろめたさがあるからだ。

私は、「佐村河内守」という人物を、ゴーストライターが発覚して騒動になるまで、ほとんど知らなかった。というのも、「耳が聞こえないのに」とか「障害を抱えているのに」といった「美しい言葉」を前にすると、それだけで苦手意識があったのだ。そのため、マスコミが「美談」として取り上げる彼のことを、詳しく知ろうとせずに目をそらし、逃げていた。私もまた「聞こえてないフリ」をしていたことになる。

いや、思考停止といったほうが正確かもしれない。本来なら、「ホントは聞こえてるんじゃねーのか」ぐらいの茶々があってもいいはずだった。

しかし、学級会化した社会では、美しい言葉を前にすると人は何も言えなくなる。私もまた、「美談」に対しては「ツッコまないモード」になって黙殺することでやり過ごしていた。

それって、「障害を抱えているのに頑張っていて素晴らしい！」と過剰に絶賛する人たちと表裏一体の行動だ。引っかかった人たちを馬鹿にできない。

「過剰な黙殺」と「過剰な絶賛」は表裏一体。どちらにも熟考がない。世間が絶賛か黙殺かに二極化し、どちらも思考停止するなら、当事者はやりたい放題になるに決まっている。だから美談は危険なのだ。とはいえ、学級会のような追及一色になると、それはそれで息苦しい。では、我々は今後どう対応していけばよいのだろうか。

■おっさんの〝熱くてうかつな暴論〟を復権させよう

ひとつの提案だが、「意識が高い」人々に対抗して、「意識が低い」ことをあえて率先するのはどうだろう。

『問題意識が高そうなふるまいをする人の中には、かえって「意識低い」と思ってしまう場合がある』と先ほど書いたが、その逆を志してみるのだ。

羽生結弦のあの騒動で、世間に足りなかったのは「ケガしてまで出たのだからに羽生に1位になってほしかった！」という「うかつな言葉」ではなかったかと思う。あらためて指摘したいのである。

以前なら、こういうことを平気で言うおじさんがゴロゴロいた。恥ずかしいくらいに。しかし、真剣にのめりこんで見るからこそ放てる熱い言葉は、情報と理性だけを集めて放つ「通りすがりの正論」よりも、全然血が通っていて説得力があったと思う。

それは「反・知性」ともまた違う、「反・器用」とも言うべき姿勢である。現状の社会では、何か問題が起こるたびウルトラクイズのようにマルかバツかをすぐ求められ、意識の高さを測られる。「お前、その答えは正しくないよ」というツッコミが四方からすぐに飛んでくる。

しかし、本来そんな問いに対して、すべて器用に答えられる必要などないのではないか。だって、みんなそれぞれの人生を生きていて、それぞれの本分で忙しいのだ。営業マンには営業マンの本分があり、魚屋さんには魚屋さんの本分がある。情報をすべて吟味している時間はない。その代わり、おのおの現場で学んだ大人としての嗅覚を発動させればよいのだ。

だから、私はいわゆる「床屋政談」も馬鹿にできないと思っている。たとえ政策抜きの人物品評会であっても、その人が培ってきた「人を見る目」にはそれなりの意味があるはずだ。そこには大人の応酬こそあっても、極端なヘイトには絶対にならない。おっさんは、ヘイトに生き甲斐など求めない。みんな本分があるからだ。おっさんは、美談に感動など求めない。みんな暇じゃないからだ。

嘘にまみれた美談も、憎しみにまみれたヘイトスピーチも、「意識の低い」熱い大人が追い払ってしまえ。私はそう考えている。

さて、この章を読んでいただいた方は何かお気付きだろうか。例題として取り上げたいくつかのジャンルを思い出してほしい。

「高校野球」「相撲」である。旧時代からの匂いを放つ物件である。しかしそれは、これまで存在する「新聞」「スポーツ新聞」にとっては大得意様なのである。もっと言えばおじさん（オヤジジャーナル）の大好物。

伝統的な不合理を含むそれらのジャンルは、「大仰な表現」を十八番とする新聞・スポーツ新聞とはピタッと相性がいい。この両輪ががっちりとはまって回りだすとき、新聞は輝く。

しかし世の中が公正さを求める今、新聞やスポーツ新聞のその輝きから炎上が多々発生している。

スポーツ新聞の大仰芸とポリティカル・コレクトネス（政治的公正さ）が並行して存在する現在。

また、高校野球や相撲だけでなくプロ野球でも新聞やスポーツ新聞にとって扱いにくい選手があらわれた。大谷翔平である。

「活字野球」に不向きなのが日ハムの大谷翔平ではないか？　と常々私は思っている。大谷にはどんな言葉も合わないからだ。

たとえば次の見出しを見てほしい。

《男気　黒田が魅せた》
《怪物　大谷が決めた》

２０１６年の日本シリーズ第３戦を伝えた『朝日新聞』の見出し（10月26日）である。

なんともいえない違和感は、大谷翔平を「怪物」と呼ぶ表現である。なんだかピンとこない。大谷は超アスリートという「だけ」であって、化け物的な修飾は似合わない。つまり、大仰な表現とアスリート・大谷翔平は相性が悪いのである。

そう考えると「男気　黒田」は従来の野球報道にピタリと当てはまるヒーローであった。浪花節も似合うスポーツ新聞のヒーロー。黒田は引退し、大谷は進化する。スポーツ新聞を読むうえでも歴史的な過渡期（日本シリーズ）であったのだと思う。

新聞を読む側の、ますますの〝技術〟が問われる時代がきたのである。

おわりに

以前、糸井重里氏が『スポーツ報知』に寄せた激励メッセージで、スポーツ新聞を「なくてもいいけど、なくなったら困るもの」と評していた。これって、スポーツ新聞、ひいては新聞全体を表した言い得て妙な言葉だと思う。

効率化・合理化を目指しているネット時代の人からすれば、わざわざ紙の新聞を読むのはムダな行為に見えるかもしれないし、新聞というメディア自体が、もはや古臭いムダなものなのかもしれない。

しかし、受け手である我々の側に、「大いなるムダ」を楽しめる土壌がなければ、新聞は楽しめない。きっとたぶん、10年後も紙メディアはなくならずにしぶとく残っているだろう。だったら、せっかく「あるもの」は利用して楽しめばいい。

新聞には、ネット時代の人が求める不偏不党・公正中立などといったものはない。あるのはおじさんたちの言い分や、物の見方だろう。それは偏っていて気に入らないこともあるだろう。

しかし、世界にはマルかバツか、白か黒かで割り切れる真実など存在しない。偏っているからこそ見えてくる嘘や、いかがわしいからこそわかる本当が、ほころびのように顔を現すのだ。

この世界が、白黒つかないグレーなものであることを恐れるな。そして、行間を読み、疑うことを楽しむ余裕を取り戻そう。

ただでさえ昨今「ポスト真実」「偽ニュース」という言葉が飛び交う。それだけメディアの振れ幅が大きくなった証拠でもあり、受け手の問題でもある。右を読んでる人たちは左を読まない。逆も同じ。

受け手が、自分にとっておもしろいニュースだけを選択する。本当かどうかより、自分の先入観に合ってるかどうか。それがヒートすると感情と感情のぶつけ合い、極端と極端のにらみ合いとなる。言論の自由がありすぎて、結果的に「無い」状態に突入する。

もっとたくさんの視点を受けとめよう。楽しもうではないか。こんな時代こそ、本書が有効だと自負している。

二〇一七年二月　プチ鹿島

〈プロフィール〉

プチ鹿島（ぷち・かしま）

1970年長野県生まれ。スポーツからカルチャー、政治まで幅広いジャンルをウォッチする「時事芸人」として、ラジオ、雑誌等でレギュラー多数。著書に『教養としてのプロレス』『東京ポッド許可局』（共著）がある。オフィス北野所属。

装丁　桑山慧人（prigraphics）

イラスト　死後くん（カバー、p33～p40）
　　　　　桑山慧人（p159）

編集協力　福田フクスケ

編集　竹村優子（幻冬舎）

DTP　美創

芸人式
新聞の読み方

2017年3月10日　第1刷発行

著　者　プチ鹿島
発行者　見城 徹
発行所　株式会社 幻冬舎
〒151-0051 東京都渋谷区千駄ヶ谷4-9-7
電話　03(5411)6211(編集)
03(5411)6222(営業)
振替　00120-8-767643
印刷・製本所　株式会社 光邦

検印廃止

万一、落丁乱丁のある場合は送料小社負担でお取替致します。小社宛にお送り下さい。
本書の一部あるいは全部を無断で複写複製することは、法律で認められた場合を除き、
著作権の侵害となります。定価はカバーに表示してあります。

©Petit KASHIMA, GENTOSHA 2017
Printed in Japan
ISBN978-4-344-03085-5　C0095
幻冬舎ホームページアドレス　http://www.gentosha.co.jp/

この本に関するご意見・ご感想をメールでお寄せいただく場合は、
comment@gentosha.co.jpまで。